はじめに（本書の使い方）

　皆さん，こんにちは。

　昨今，施設や通所サービスの現場では日常的にレクリエーションが行われていますよね。しかし，「何となくやっている」「時間が来たからレクリエーションをしなくちゃ」というように，職員主体のルーティンになっているところが多く，利用者だけでなく，職員にとってもレクリエーションが「マンネリ化」していることが少なくありません。

　そこで本書では，私自身がさまざまな経験を経て開発してきた「とっておきのレクリエーションプログラム」を，テーマ別に下記の第1章〜第6章に分け，全部で64種類，紹介します。

◆第1章：認知症予防に効果的なレクリエーション〈全11種類〉
◆第2章：中重度認知症の人へのレクリエーション〈全11種類〉
◆第3章：身体機能の維持向上レクリエーション〈全11種類〉
◆第4章：大人数で盛り上がれるレクリエーション〈全11種類〉
◆第5章：障がいのある人や寝たきりの人へのレクリエーション〈全10種類〉
◆第6章：男性利用者向けのレクリエーション〈全10種類〉

　利用者が主体的に参加したくなったり，レクリエーションゲームを通じて一体感や達成感を感じたり，集団で盛り上がって楽しめたりといった，新鮮で魅力的なオリジナルの「ポジティブレクリエーションプログラム集」です！　ぜひ，現場でご活用ください！

　また，本書内には，レクリエーションプログラムごとに「QRコード」を掲載しています。それらの「QRコード」をご自身のスマホやタブレットで読み取ることで，①レクを進行しながらスマホやタブレットで手順を確認できる！　②実際のレクの動画をスマホやタブレットで見ることができる！といった活用の仕方ができるように斬新な工夫がされています。

3

本書内のQRコードを読み込んで…

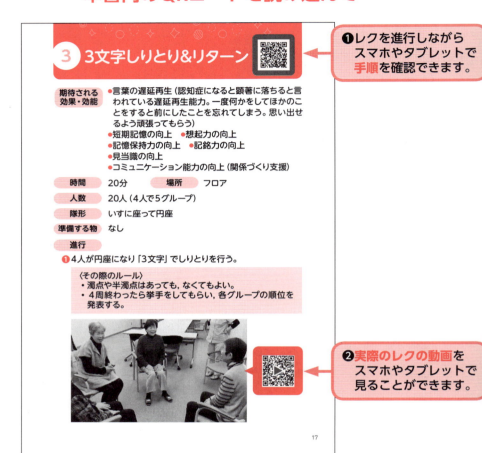

❶ レクを進行しながらスマホやタブレットで**手順**を確認できます。

❷ **実際のレクの動画**をスマホやタブレットで見ることができます。

　本書の出版にあたり，日総研出版の西本茂樹氏に，適宜ご指導をいただきました。また，本書を監修してくださったエフステージ白木 せいかつのデイの山口健一様をはじめ，社会福祉法人興寿会 認知症介護レクリエーション研究開発チームの皆さん，動画のモデルとなっていただいたボランティアグループの鈴乃会の皆さんには心より感謝申し上げます。

2018年6月

尾渡　順子

CONTENTS

第1章　認知症予防に効果的なレクリエーション　8

① 名刺神経衰弱 13
② 言葉遊びゲーム 15
③ 3文字しりとり&リターン 17
④ じゃんけんポイポイ 19
⑤ 足踏み3叩き 21
⑥ 手でコグニサイズ 23
⑦ ペアで対抗　時事ニュース 25
⑧ ペアで言葉づくり 28
⑨ ペアで目指せ, 合わせて100点! 30
⑩ 今日は何日何曜日? 32
⑪ 桜が満開!　曜日対抗　辞書ゲーム 34

第2章　中重度認知症の人へのレクリエーション　36

① 名前を呼んでボール投げ, 輪っか投げ 42
② 無人島上陸ゲーム 45
③ 新聞紙棒 (ラップ芯) 遊び 48
④ ラップ芯でどどんがどん 51
⑤ お手玉乗せ 54
⑥ うちわでパタパタ缶転がし 56
⑦ まきまき海のヨットレース 58
⑧ 歌の思い出しゲーム 60
⑨ サイコロでスロット 63
⑩ ペアでことわざお手玉入れ 65
⑪ サッカーゲート 67

第3章　身体機能の維持向上レクリエーション　70

① 卵詰め競争 74
② ペットボトルの蓋閉め競争 76
③ ビー玉転がし　秋の味覚立て 78
④ 思いっきり槍投げ 80

⑤ 後ろ向いてボール投げ 82

⑥ バウンドボウリング 84

⑦ 缶を拾ってすくい投げ 86

⑧ ローラーで数字消し 88

⑨ 足でつまんでポイッ！ 91

⑩ 缶リング 93

⑪ 吹いてゴルフ 95

第4章 大人数で盛り上がれるレクリエーション 97

❶ 陣取りゲーム 100

❷ 人生ゲームすごろく 103

❸ サイコロであいうえお 107

❹ カラー神経衰弱 109

❺ 都道府県輪投げ 111

❻ みんなでクロスワード 114

❼ 爆弾回し 116

❽ キックベース 118

❾ 冬の言葉出しビンゴ 120

❿ 重さ自慢，長さ自慢 123

⓫ お金釣り 125

第5章 障がいのある人や寝たきりの人への レクリエーション 128

❶ ペアで大掃除 135

❷ みんなで大掃除 137

❸ 筒でボウリング 139

❹ 空き缶転がし 141

❺ ビーチボール遠投 144

❻ 楽器でノリノリ！ イントロドン 146

❼ おぼえてカラーリズム 148

❽ 紙飛行機でクイズグランプリ 150

❾ ジェスチャーカルタ 154

❿ もみもみゲーム 156

第6章 男性利用者向けのレクリエーション 160

- ❶巨大歩まわり ... 163
- ❷競馬ゲーム ... 165
- ❸私は誰でしょう ... 167
- ❹魚のもりつきゲーム ... 169
- ❺ペットボトルキャッチ ... 171
- ❻季節の歌でリズムゲーム ... 173
- ❼足で輪投げ ... 175
- ❽会議 ... 177
- ❾値段を当てましょう! ... 179
- ❿口腔ゴルフ ... 181

- 時代が変わっても「デイ」,そして「レクリエーション」の役割は… ... 20
- 「個別性」「選択肢」…認知症を有する人だからこそ… ... 22
- 認知症予防レクリエーション実施の際に気をつけたいこと ... 27
- 記憶障害のため途中で何をしているのか忘れてしまう利用者 ... 47
- みんなの中で笑っている自分 ... 55
- 言語コミュニケーションより非言語コミュニケーション ... 57
- ウェルズの介護原則 ... 62
- 発語がなくても歌は歌える場合も ... 69
- レクリエーションの内容・進行のマンネリ化 ... 77
- 思い出を引き出す ... 90
- 下肢レクで転倒予防と認知症予防を! ... 96
- ルールにしばられず自分たちが楽しいと思うゲームを! ... 106
- 生活に楽しみや安らぎ,意欲を生み出すレクリエーション援助 ... 122
- みんなの中で自分の存在感を見いだしてもらう ... 127
- 複雑な思いを込めた「ありがとう」 ... 142
- 元気になるアロマセラピー ... 158
- 負けると悔しくなって暴言を吐いてしまう利用者 ... 176
- 利用者の生活に張りと生きがいを与える ... 183

第1章 認知症予防に効果的なレクリエーション

　皆さんは認知症予防のレクリエーションというと，何を思い浮かべますか？　簡単にできるものとしては，後出しジャンケンや左右の指をずらして曲げていく手遊びなど，頭がこんがらがってしまうような脳力トレーニング（脳トレ）がありますね。

　「指」を使うと脳細胞が刺激され，脳が活性化するという研究は，20年ほど前から国内外の脳科学者が多数発表しています。最近では，「コグニサイズ」や「シナプソロジー」のように，足踏みをしながら引き算やかけ算をするといった，さらに難しい脳トレが取り入れられるようになってきました。

　第1章のテーマは「認知症予防」です。紹介するレクリエーションゲームは，次のとおりです。余暇時間やレクリエーションタイムでぜひ行ってみてください。

第1章で紹介するレクリエーションプログラム

① 名刺神経衰弱
② 言葉遊びゲーム
③ 3文字しりとり＆リターン
④ じゃんけんポイポイ
⑤ 足踏み3叩き
⑥ 手でコグニサイズ
⑦ ペアで対抗 時事ニュース
⑧ ペアで言葉づくり
⑨ ペアで目指せ，合わせて100点！
⑩ 今日は何日何曜日？
⑪ 桜が満開！ 曜日対抗 辞書ゲーム

認知症予防にレクリエーションゲームを取り入れる理由

レクリエーションゲームを認知症予防に取り入れることを勧める理由は，次の4つです。

1. テストや勉強と違って間違っても笑い飛ばせるので参加しやすい
2. つらいリハビリテーションや訓練と違って，大笑いしながら楽しく頭と身体と心を一緒に動かすことができる
3. 「一緒に頑張ったね」「次は負けないわよ」と一体感が生まれ，チームで競う楽しさを得ることができる
4. 「もっと頭を使わなくちゃ！」「もっと身体を動かさなくちゃ！」と自分の生活を見直すことができる

利用者に主体的に参加してもらうためのコツ

では，利用者に主体的に参加してもらうためにはどうしたらよいのでしょうか。いくつかコツを伝授しましょう。

1．動機付けをする！

なぜこのゲームをするのか，どんな効能があるのか，目的と効能を伝え，動機付けをすることにより，参加者のモチベーションが上がります。「やらされる」のではなく，「本人が主体的に」参加できるよう話術を磨きましょう。

例えば，こんなふうに！

- 頭も体も心も，使わないと錆びついてしまいます。頭を動かして脳を活性化しましょう！
- 歳を取ると2つ以上のことを一度に行うのが難しくなってきます。ゲームで楽しく脳トレをしてみませんか？
- わざと脳を混乱させるのがいいんですって！　混乱している時に脳が活性化しているんですって！

2．間違えても恥ずかしがらなくてよいことを伝える！

認知症予防のためのレクリエーションは，ともすると「間違えるとみっともない」「頭が悪いようで恥ずかしい」と苦手意識を持つ人が多いようです。私は，脳活性化レクリエーションの前には利用者に必ずこんな言葉を伝えるようにしています。

- 皆さん，レクリエーションゲームというのは，頭がよいからよくできるというわけではありません。実は，「慣れている人」が上手にできるようになっているんです。皆さん，普段ゲームなんかしませんものね。だから，間違えても恥ずかしいことはないんです。頭を使うことに意味があるわけですから，間違っても笑い飛ばしましょう！
- 私も，今ではできるようになりましたけれどね。できるようになるまでに3日かかりました！

3．クイズなどはチームやペアで答えるようにする

　順番に当てられて答えなくてはならないクイズなどは，参加する側からすると「間違えたら恥」と考えがちです。さらに，チーム対抗となると，「自分のせいで負けるかもしれない」などとプレッシャーになってしまう場合があります。そういう場合は，チーム分けをして誰が答えてもよいというルールにしたり，ペアで力を合わせて考えるようにしたりします。そうすることで，一体感や連帯感を生むよい機会にもなります。第1章では，そういった機会を生む楽しいゲームを紹介します（「⑦ペアで対抗 時事ニュース」「⑧ペアで言葉づくり」「⑨ペアで目指せ，合わせて100点！」）。

4．曜日対抗でゲームを競い合う

　利用する曜日対抗でゲームをしてみるというのもよいでしょう。例えば，「木へんの漢字をいくつ出せるか」「国名（県名）をいくつ出せるか」「花の名前をいくつ出せるか」「風船バレーが何回続けられるか」（運動もよい認知症予防になると言われています）などを曜日対抗で競います。月曜日から土曜日まで，曜日ごとに数や回数を書いた表を壁に貼っておきます。翌週の利用日には，「水曜日チームが1位だった！」などの喜びの声が聞こえそうですね。表彰式まで準備すると盛り上がりますよ。翌週のデイ利用が楽しみになります（「⑪桜が満開！　曜日対抗 辞書ゲーム」）。

5．おしゃべりが一番の脳トレ

　「人の話を聴き，瞬時に理解をして，相手の状況や表情を読み取り，適切な反応をする」「相手の言ったことを覚える」「自分の意思を言葉にして組み

立てて伝える」…これらの事柄は，実は非常に脳を活性化させるのだそうです。つまり，自分の思っていることを言語化することにより，語彙力，記憶力，想像力，注意力，判断力，表現力などを向上させます。

また，「相手の話に合わせる」「相手を楽しませよう，笑わせよう，関心をこちらに向けさせようとするために考える」「ウィットに富んだ言葉を考える」「関係ができてくると，間を置かずタイミングよくポンポンと言葉のやり取りができるようになる」…こんなことも，知らず知らずのうちに脳の活性化に役立っています。

レクリエーションの時間には，なるべく多くの利用者の「知っていること」「好きなこと」「話したいこと」を引き出して，たくさんおしゃべりをしてもらいましょう！

◉ どんな「おしゃべり」が楽しいの？

レクリエーションの時間だからといって，ひたすらゲームをすればよいというものでもありません。ゲームの前に自己紹介がてら利用者に自分のプロフィール（出身地，好きなもの，趣味，特技など）を話してもらったり，レクリエーションゲームに沿った話題（野球ゲームなら好きな野球選手やチームなど）や季節の話題などを話してもらったりしましょう。「1964年の東京オリンピック」を題材に，クイズ形式にして昔の思い出話を引き出すのも楽しいですよ。「開会式に行った！」なんていう人も出てくるかもしれません。

私の経験上，利用者のおしゃべりが盛り上がる話題は次のようなことです。

1．季節や年中行事の話（回想）

日本人は，四季の移り変わりや伝統を大事にする民族です。季節の話題はほっこりとした懐かしい気分になれますよね。

2．みんなが知っている話

季節行事や年中行事もそうですが，例えば「昭和の事件やニュース」「芸能ニュース」「最近世間を騒がせているニュース」など，皆が分かる題材は話がはずみます。

しかし，認知症になると新しいことが覚えられなくなってきます。そこで，新しいニュースをみんなで確認し合って記憶を定着させることで，脳トレにつながるというわけですね。

11

また，昭和時代の話を利用者から引き出すことも有効です。戦後，高度経済成長により日本が一気に変わったこと，その時の驚き，今と比べてどうだったかなど，共感を呼ぶ話題はレクリエーションの質をより高めてくれます。

3．昔話

　「小学校のころ，どんな遊びをしたか」「学生時代はどんな楽しみがあって，街はどんなふうだったか」。「あれは，ああだった」「そうそう」…こんな会話は，話している人の幸せな思い出を引き出してくれます。苦労話も，今となってはよい思い出に変わっていることもあるでしょう。皆で労って称えることも，その人の「自己肯定感」を高めるよい機会になります。

　覚えていることを出し合うことも記憶力の強化になりますが，細かい部分まで覚えていなかったことも，ほかの人の説明を聞くことによって記憶が定着することもあり，脳の活性化に役立ちます。

4．その人だけが知っている話

　高齢者の頭の中は知識や技術の宝庫です。さまざまなジャンルの専門家が揃っていることもあります。自分が得意だったことや長年培ってきたことはしっかりと覚えていて，上手に話してくれる人もいます。利用者を「先生」にして，経験談や私たちが知らない話を聴かせてもらいましょう。

① 名刺神経衰弱

期待される効果・効能	●短期記憶の向上　●エピソード記憶の向上 ●字を思い出す　●ユーモアで笑顔を引き出す ●コミュニケーション能力の向上（関係づくり支援） ●巧緻性（指先の器用さ）の向上 ●腕の可動域向上（上肢の運動）
時間	20分
場所	フロアのテーブル
人数	4～6人
隊形	フロアのテーブルを囲み，いすに座る。
準備する物	はがきサイズの紙（名刺）1人2枚

進行

❶ 参加者に，はがきサイズの紙（裏が透けない厚さ）に大きく名前を書いてもらい，名刺を2枚作ってもらう。

❷ 完成したら，1人ずつ自己紹介。名刺をみんなに見せて，「釣りが大好きな田中です。皆さんよろしく！」などと自己PRをしてもらう。

釣りが大好きな田中です

❸ 全員の自己紹介が終わったら，名刺を2枚とも裏返し，職員が混ぜる。その際，職員の名刺も2枚ずつ2～4人分混ぜて，難易度を調整する。

❹ジャンケンで負けた人から，2枚ずつ札（名刺）を表に返す。合わなければまた裏返し，合った場合は名刺をもらえる。

❺時計回りで順に名刺を裏返す。

- ゲームで「田中」さんを当てた人に，「田中さんの趣味は何でしたか？」と聞き，最初に自己PRで田中さんが話した内容を思い出してもらうのもよい脳トレになります。
- 歌手や俳優の名前で神経衰弱を行っても面白いですよ。

❻誰が一番たくさん取れたかを発表する。

- カードは手が届く範囲に置くことが理想ですが，拘縮などがあって遠くまで届かない人は，100円ショップなどで売っているハエ叩きに手の形に切った画用紙を貼ったもので取ってもらうのもよいです。

言葉遊びゲーム
（言葉並び替え／言葉かくれんぼ／言葉づくり）

期待される効果・効能	●想起力の向上（言葉を想い出す）　●記憶力の向上 ●コミュニケーション能力の向上（関係づくり支援） ●発想力の向上　●達成感を感じる ●ユーモアで笑顔を引き出す ●見当識の向上（時間や場所や人や季節感）
時間	30分
場所	フロア
人数	12〜20人
隊形	4人グループを3〜5つ
準備する物	●ホワイトボード　●各グループに紙とえんぴつ

進行

●言葉並び替え
　❶ホワイトボードに大きく次の文字を書く。

　　みんはごなだ　　　ぶゃんしんしき
　　きしゅくうがに　　るちんはいば

　❷書かれた文字を並び替えて言葉を完成させてもらう。
　〈答え〉

　　はなみだんご　　　しんぶんきしゃ
　　にゅうがくしき　　はるいちばん

　❸正解が一番多いグループが勝ち。

●言葉かくれんぼ
　❶ホワイトボードに大きく次の文字を書く。

　　ナョウジフド　　　　　コトンハイ
　　カンペルンイギ　　　　ネウレウギンタホマソ
　　ウナンラトアコレイヒペ　モオケアタリオンケイオン

15

- ●各グループに文字を書いた紙を1枚ずつ配って、見てもらってもよいですね。
- ●紙に書き出していただくと書字の練習になり、さらにやさしそうな字は「漢字で書いてみましょう」と促すと、漢字を思い出すきっかけにもなります。

❷2つの言葉がかくれているので、それを見つけてもらう。
〈答え〉

「フナ」と「ドジョウ」	「鳩」と「インコ」
「ペンギン」と「イルカ」	「ほうれん草」と「玉ねぎ」
「ひなあられ」と「金平糖」	「青森県」と「大分県」

❸正解した人が一番多いグループが勝ち。

● 言葉出しゲーム
❶ホワイトボードに大きく次の9つの平仮名を書く。

わ お せ り あ し と い よ

❷何文字でもよいので、どのグループがたくさん言葉をつくれるかを競う。
〈答えの例〉

「しあわせ」「としより」「あい」「おわり」「あし」
「いし」「とり」「せわ」　など

❸1グループずつ「まだ出ていない言葉」を言っていく。正解数が多かったグループが勝ちとなるが、いろいろなユニークな言葉(「しわよせ」など)を皆で分かち合うのが楽しい。

- ●発表順ですが、全グループが言葉を出した後(10分など時間制限を決めた方がよい)、まずは一番言葉の数が少なかったグループに発表してもらいましょう。その後に、他のグループにまだ出ていない言葉を一つずつ言ってもらうと、効率的に進行できます。

3 3文字しりとり&リターン

期待される効果・効能	●言葉の遅延再生（認知症になると顕著に落ちると言われている遅延再生能力。一度何かをしてほかのことをすると前にしたことを忘れてしまう。思い出せるよう頑張ってもらう） ●短期記憶の向上　●想起力の向上 ●記憶保持力の向上　●記銘力の向上 ●見当識の向上 ●コミュニケーション能力の向上（関係づくり支援）
時間	20分
場所	フロア
人数	20人（4人で5グループ）
隊形	いすに座って円座
準備する物	なし

進行

❶ 4人が円座になり「3文字」でしりとりを行う。

〈その際のルール〉
・濁点や半濁点はあっても，なくてもよい。
・4周終わったら挙手をしてもらい，各グループの順位を発表する。

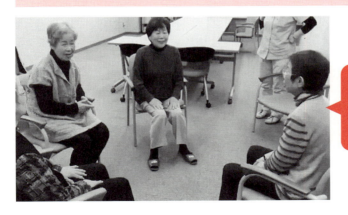

❷「イ」のつく生き物を1人1回言ってもらう。

❸先ほどの「3文字しりとり」を再現してもらう。

- 最初の『3文字しりとり』では『あさひ→ひるね→ねずみ→みみず→ずいき→きしゃ→やもり→りんご→ごりら→らじお→おくら→らくだ』と、しりとりをしましたが、その後に「イのつく生き物」を出し合った後の遅延再生では、『あさひ→ひかり→りんご→ごりら→らくだ』と、しりとりをしており、全員が、最初の『あさひ』の後の言葉を忘れています。認知症になると遅延再生の力が弱まると言われています。
- 一度行ったことを、何かほかのことをした後に思い出すのは難しいので、思い出せなくても気にしないよう元気づけましょう。
楽しく根気よくリターンゲームを継続することが大切です。

じゃんけんポイポイ
（後出し負けじゃんけん）

期待される効果・効能	●脳の活性化（脳から出された信号を正確に動作に移す訓練） ●敏捷性の向上　●判断力の向上 ●認識力の向上　●集中力の向上　●注意力の向上 ●理解力の向上
時間	20分
場所	フロア
人数	10人
隊形	2人組になり向かい合う
準備する物	なし

進行

❶司会がルールを説明する。

> 「私（司会）から向かって右側の人が『じゃんけんポイ』で，グー，チョキ，パーいずれかの好きなものを出してください。次に，左側の人は遅れて（「じゃんけんポイ，ポイ」の後ろの「ポイ」の時に）相手が出した手に負けるようにグー，チョキ，パーいずれかの手を出してください」

❷皆で声をそろえて「じゃんけんポイ，ポイ！」と後出しじゃんけんを行う。

❸何回続けられたか聞いてみる。一番回数が多かった人が勝ち。

❹終わったら，右側の人の役割を入れ替えて，同じようにゲームを進行する。組み合わせを変えても面白い。

●慣れてきてしまったら，反対の手でやってみたり，足でじゃんけんをしてみたりと，応用してみましょう（足のじゃんけんはパーが肩幅に開く，チョキが前後に出す，グーが足をくっつける）。

時代が変わっても「デイ」，そして「レクリエーション」の役割は…

　時代は「地域包括ケア」，すなわち可能な限り住み慣れた地域で継続的な生活ができるよう介護，医療，行政，ボランティアを包含した概念を掲げてきました。地域全体を巻き込んだこのシステムは，国民皆保険を守るための武器でありながら，通所サービスのあり方を再検討させ，さらに団塊の世代が70代になりつつある現在，ニーズや時代に合わせたサービスの多様化を求めるものになっていくことでしょう。

　通所サービスと言えば「入浴」と「レクリエーション」だけ，と言われていた時代も終焉を迎えたということです。しかし，「レクリエーション」については，介護福祉士養成新カリキュラムでは科目としてその名前がなくなったとは言え，さまざまな形で介護現場に活用されることは変わりありません。私は，今後，介護予防，生活不活発病予防，生活上のリハビリテーション，社会的孤立感の解消（人間関係づくり支援）や生き甲斐（役割）づくりに組み入れることで大きな力を発揮するのが「レクリエーション」だと思っています。指定居宅サービスの中でも，通所サービスは利用者が家から通いながら社会で輝ける自己実現の場になり得ると思います。

5 足踏み3叩き

期待される効果・効能	●運動と認知課題を組み合わせ同時に行うデュアルタスク（認知症になると同時処理が難しくなる）で認知症予防 ●足踏みと数字を数えることで有酸素運動の効果が得られる（全身の血流量がアップ） ●手をたたくことで自律神経の改善　●脳の活性化 ●判断力の向上　●認識力の向上　●集中力の向上 ●注意力の向上　●理解力の向上

時間	15分	場所	フロア	人数	20人
隊形	4人グループの円座	準備する物	なし		

進行

❶ 4人1組でいすに座り足踏みをしてもらう。
❷ 足踏みをしながら「1, 2, 3, 4, 5…」と1人ずつ順に数を唱えてもらう。
❸ 3巡ほどしたら, 次に「3の倍数の番が回ってきた人は, 数を唱えずに手を1回パンと打ってください」と説明する。
❹ 30まですらすら数唱できたら拍手！
❺ 今度は, 100から1ずつ数を減らして数唱をしてもらう。最後の1まですらすら数唱できたら拍手！
❻ 次に, 5の倍数で数を唱えず手を打ってもらうよう説明する。
❼ すべて簡単にできるようになれば, 3と5の倍数で数を唱えず手を打ってもらう。

●数唱をすることに気を取られて, 足踏みを止めてしまう人がいますが, 足踏みを止めないよう声かけをしましょう。

「個別性」「選択肢」…
認知症を有する人だからこそ…

　個性や生き甲斐,「楽しいと思うこと」は十人十色ですから,「のんびりしたい」「一人でいたい」と希望する人を無理やり集団の中に連れていくことは,本人の自己決定を奪い,尊厳を無視することにつながります。意思の伝達や表現が難しくなった認知症を有する利用者が相手だからこそ,介護職員の豊かな感受性,そして鋭い観察力によるアセスメントが必要となるのです。利用者が「したいこと」を選べる環境を準備し,「選択肢」の共通性と「個別性」をそれぞれ集団,個別レクプログラムに生かしていく努力をしましょう。

　そういう意味で,「選択肢」を前提にレクプログラム化を行っていく通所サービスが多くなると思われます。私は,「選択肢」によるグループ分け活動は,その利用者のレベルや趣味嗜好に合わせて対応するのがよいと思います。重度の人は,たとえ意思の疎通が図れなくても,感覚刺激（聴く,見る,嗅ぐ,触るなど）により,覚醒や快い状態を引き出すよう心がけてみましょう。

　最も介護力を要するのが「混乱期」の認知症を有する利用者です。戸惑いながら通所サービスに通う利用者は,特に「人とかかわる」ことが難しくなっているということを,私たち介護職員も知らなくてはならないと思います。

6 手でコグニサイズ

期待される効果・効能	●同時処理（運動と認知課題）による脳活性化 ●リズムを取りながら歌を楽しく歌う ●歌や数唱による口腔機能の向上 ●目と手の協調した動作の向上
時間	15分
場所	フロア
人数	10人
隊形	2人1組で向かい合って座る
準備する物	なし

進行

❶ 2人1組で向かい合い，「みかんの花咲く丘」などを歌いながら，右手から膝を右，左，右，左…と叩く。

❷ 今度は，誰かが「みかんの花咲く丘」を歌う中で（あるいは音楽を流しながら），「1，2，3，4，5，6」と数唱をしながら右手から膝を右，左，右，左…と叩く。

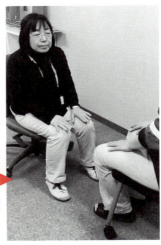

●数は必ず6まで数えます。

❸次に,「3」と「6」はお互いの手を(ハイタッチするように)叩くよう説明する。

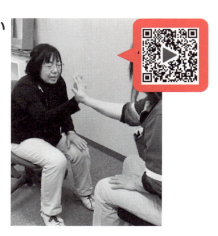

❹上手にできるようになれば,次は「2」と「5」でお互いの手を叩く。

❺間違えても根気強く応援する。

❻最後は,「1」と「4」で相手の手を叩く。…できるかな？

7 ペアで対抗 時事ニュース

期待される効果・効能	●新しい時事ニュースに触れる ●お手玉を投げることによる上肢の運動 ●認知症の人が混在していても楽しめる　●役割作り ●チームワークを養う　●見当識の向上 ●短期記憶・長期記憶の向上（回想効果）
時間	20分
場所	フロア
人数	20人
隊形	円座（半円で赤組・青組に分かれる）。赤組，青組をさらに半分に分け，さらにクイズ（時事ネタ）に強い人を前半分に，強くない人を後ろ半分に配置する（あらかじめホワイトボードに参加者の場所〈名前〉を書いておく）。

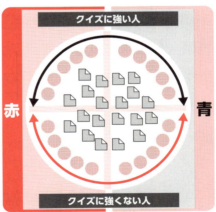

準備する物	●お手玉4個（赤組2個，青組2個） ●時事ニュース札（共通する写真や言葉を書いた紙をペアにしたもの）20枚ほど

共通点のある時事ニュース，例えば，東京都知事つながりで「舛添さん」と「小池さん」の写真のペアや，県名と名産品つながりで「千葉」と「落花生」，「富山」と「マス寿司」のペアなどのように，2枚で1組にする。

進行

❶円の中の床に、ペアになった紙をランダムに置いていく。

❷じゃんけんで先攻・後攻を決め、勝ったチームからお手玉を札の上に乗るように投げる。1投目＝クイズに弱い方、2投目＝クイズに強い方の順で投げる（クイズに弱い方が乗せた言葉から連想して、クイズに強い方が言葉を選び完成させる形）。

❸答えが分からない時は、チームのメンバーに聞いてもよい。

❹正解した場合は、時事ニュース札がもらえる。

❺赤組、青組、どちらが札を多く取れるかを競う。

❻その後、みんなで、どんなニュースだったかを振り返り、話す。

- 認知症があってクイズに弱い人も、お手玉を投げてどこかに乗せるだけで「乗ったー！」と拍手を浴びることができます。また、分からない時はチームで考えるというルールにしておけばプレッシャーになりません。

- リオオリンピックのことを憶えていなくても1964年の東京オリンピックのことはよく覚えている人もいます。どんなふうだったかを話してもらい、ゲームを盛り上げましょう。毎日テレビでニュースを見ている人には、どんどんしゃべってもらいましょう。

認知症予防レクリエーション実施の際に気をつけたいこと

　脳トレになるような体操やレクゲームを行う際は，次の点に気をつけましょう。
①慣れてしまうと効果が減少することを説明する
②間違っても笑い飛ばせるよう説明する
　①については，「認知症予防は，できるようになったことを繰り返してもあまり意味がない」ということです。「できない」とぼやき，挑戦している時こそ，脳が活性化している時なので，「できない」状態をつくることこそが認知症予防に有効であるということを，事前に説明しておきます。
　②については，ゲーム慣れしている人と普段からゲームをしていない人では，もともと習熟度が異なりますから，「脳を鍛える時間ではあるけれど，最初のうちはできなくて当たり前」という説明が必要です。特に認知症初期の人は，認知機能障害によるさまざまな失敗から，自信を失いかけているかもしれません。レクゲームでさらに自信を喪失させてしまうのは，本末転倒です。
　「恥をかくかもしれない」「難しい」と利用者が構えてしまう前に，「このゲームは，頭を使うためにわざわざ難しいことをやっています。だから間違ってもいいのですよ。間違ったらみんなで笑い飛ばしましょう！」と相手に納得してもらうことがとても大事なのです。うまくできなかったり遅くなったりしても，最後まで達成できた時の喜びは，それだけ大きいものとなります。「できましたね。すごいなあ。私はこれができるようになるまで1時間かかりましたよ」などと褒めて，次回の参加へのモチベーションにつなげましょう。
　認知症予防は常に新しいことに挑戦し，継続することに意義があるのです。

8 ペアで言葉づくり

期待される効果・効能	● 言葉の想起を促す ● お手玉を投げることによる上肢の運動 ● 認知症の人が混在していても楽しめる ● チームワークを養う ● 見当識の向上（県名の場合，場所の見当識の向上） ● 目と手の協調した運動の向上
時間	20分
場所	フロア
人数	20人
隊形	円座（半円で赤組・青組に分かれる）。赤組，青組をさらに半分に分け，クイズ（漢字）に強い人と強くない人を配置する（「ペアで対抗 時事ニュース」と同様）
準備する物	● お手玉4個（赤組2個，青組2個） ● 漢字が書かれた札20枚前後（バラバラになった文字を組み合わせて「言葉」をつくる）

〈2つの文字を合わせると野菜になるものの例〉
「白菜」「里芋」「玉葱」「大根」「人参」など
そのほか，「県名」「人生に必要なもの（友情，家族，健康，信頼，目的，希望など）」などが考えられる。

進行

❶「ペアで対抗 時事ニュース」とルールは同じ。20人ほどが円座で座る。
❷ 2つの文字を合わせると1つの言葉になる札を1文字ずつ分けて，それぞれバラバラに床に置く。
❸ クイズに弱い人が先にお手玉を札に向けて投げて，クイズに強い人が残りの文字の札にお手玉を投げる。
❹ 正解であれば1枚ずつ札をもらう。
❺ 赤組と青組でどちらが札が多かったかを競う。

- 認知症がある人とない人が混在している場合，一緒にレクゲームをすると，認知症のある人は理解ができないため，難しくて参加しても楽しくありません。そうかと言って，レベルを落とすと，認知症のない人には簡単すぎてつまらない，というような状況が生まれます。
そこで，「ペアで対抗 時事ニュース」も「ペアで言葉づくり」も，次に紹介する「ペアで目指せ，合わせて100点！」も，認知症，非認知症の人が混在しても楽しめるような形式にしています。

- 「白菜をどんな料理に使いましたか？」「埼玉県で有名な和菓子がありましたよね？」など，認知症の人が知っていそうな話題を振ってどんどん話していただきましょう。

❾ ペアで目指せ，合わせて100点！

期待される効果・効能	●計算力を養う ●お手玉を投げることによる上肢の運動 ●チームワークを養う　●ユーモアで笑顔を引き出す ●注意力の向上　●集中力の向上 ●判断力の向上　●理解力の向上 ●足し算をすることで記憶保持力の向上
時間	20分
場所	フロア
人数	20人
隊形	円座（半円で赤組・青組に分かれる）。赤組，青組をさらに半分に分け，計算に強い人と強くない人を配置する（「ペアで対抗時事ニュース」と同様）。
準備する物	●お手玉6個（赤組3個，青組3個） ●数字の書いてある札（外円，中円，中央円と配置しやすいよう，周りを赤，青，黒で縁取るとよい）

進行

❶円座になり赤組，青組に分かれる。赤組も青組も，手前に計算に弱そうな人，奥に計算に強そうな人を配置する（ホワイトボードであらかじめ席を決めておく）。

❷数字の書いてある札を床に置く。

❸赤組，青組それぞれ，じゃんけんで勝った方から，お手玉を1ペアずつ投げていく。

❹1人がどこかに1回お手玉を乗せたら，もう1人が合計が100になるようにお手玉を2回（1回でもよい）投げる。その際，「今30点に入りましたから，あと何点で100点ですか？」などと引き算をしてもらうよう言葉をかける。

❺100点を超してしまったら意地悪インタビュー！

〈意地悪インタビューの例〉
＊初恋の人の名前は？
＊子どものころにした一番悪いイタズラは？
＊お母さんに怒られた思い出は？
＊20歳の時，何をしていた？
＊プロポーズの言葉は？
＊1,000万円あたったらどうする？

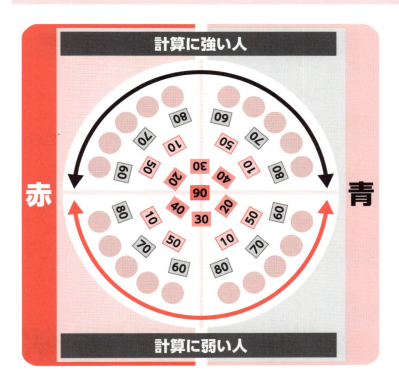

❻100点ぴったりになった人が多い組が勝ち。

● 100点ぴったりになると，白いシーツを身にまとった天使（職員）がきてハグをしてくれる，100点を超えてしまったら，黒い衣装に身をまとった悪魔が来て意地悪インタビューをする，といったイベントにしても楽しいですよ。

10 今日は何日何曜日?

目的・効能	●計算力の向上　●同時処理能力の向上 ●見当識の向上　●記憶保持力の向上 ●想起力の向上
時間	10分
場所	フロア
人数	5～20人
隊形	教室スタイル
準備する物	●ホワイトボード ●当該月のカレンダーとそれを隠すもの (色画用紙や模造紙など)

進行

❶ ホワイトボードにカレンダーを貼り, その上から色画用紙などでカレンダーを隠す。

❷「皆さん, 今日は平成何年何月何日でしたか?」と聞く。
（みんなが口々に答える）

❸ そこから「○日後は何月何日何曜日でしょうか?」「○日前は何月何日何曜日でしょうか?」と聞いていく。

〈例〉
★「今日は平成27年1月20日金曜日です！ さて3日後は何月何日何曜日でしょう?」と聞く。
（みんなが口々に答える）。
カレンダーを見せて「はい，正解。3日後は1月23日月曜日です」と言う。
　　⇒見当識を正す。日の計算と曜日の計算を同時に行う足し算

★「では3日前は何月何日何曜日だったでしょう?」と聞く。
（みんなが口々に答える）。
カレンダーを見せて「はい，正解。3日前は1月17日火曜日でした」と言う。
　　⇒見当識を正す。日の計算と曜日の計算を同時に行う引き算

★「では今日から数えて8日後は何月何日何曜日でしょう?」と聞く。
（みんなが口々に答える）。
カレンダーを見せて「はい，正解。8日後は1月28日土曜日です」と言う。
　　⇒1週間以上（8日）の計算

★「それでは1月28日から数えて5日後は何月何日何曜日でしょう?」と聞く。
カレンダーをめくって「はい，正解。1月28日から数えて5日後は2月2日の木曜日です」と言う。
　　⇒月をまたいだ計算。1月は31日まであることを確認

●同時に2つの計算をするのはとても難しいですが，よい脳トレになるので，くじけず続けることが大事です。
ほかに，「2019年はあと何日?」「○○の日まであと何日?」などとみんなで計算をしていくのも楽しいですよ。

11 桜が満開！曜日対抗 辞書ゲーム

期待される効果・効能	●言葉の想起を促す　●一体感を感じる ●連帯感を感じる　●参加へのモチベーションアップ ●見当識の向上　●記憶力の向上 ●書字訓練効果もあり ●ボールや風船を使うことで上肢や下肢の運動効果あり
時間	20～30分
場所	フロア
人数	20人
隊形	1グループ4人で5グループ
準備する物	●ホワイトボード　●模造紙　●桜の木の絵 ●花紙で作った桜（利用者にたくさん作ってもらう）

進行

❶ ゲームについて説明をする。曜日対抗で同じゲームを行って，出した言葉の数を競い合う。
　言葉出し10個につき桜の花が1つ木に貼られることを話す。なるべく桜の木を満開にするよう促す。結果は壁に貼って順次発表することを話す。

❷ まず「春の風物詩」をグループごとに考える（10分）。
　（「つくし」「ふきのとう」「入学式」「一年生」などの言葉が出されると予想される）

❸ グループで「春の風物詩」を1つ出してもらい，ホワイトボードに書き出していく。

❹次のグループに,まだ出ていない風物詩を出してもらう(これを繰り返す)。
その際に,「どんな思い出があるか」聞いてみるのもよい。最終的に全グループで何個出たかを発表する。

❺次に「木へん」の漢字をグループで考える。

- ●「さかなへんの漢字」「さんずいの漢字」などの漢字想起から,「国名」「県名」「学校にあるもの」「夏祭りにあるもの」など,いろいろなバリエーションで言葉を想い出してもらうことができます。
- ●4月の1週目は「春の風物詩と"木へん"の漢字」,2週目は「風船バレーを何回続けられるか」,3週目は「円になってボール蹴りを何回続けられるか」,4週目は「国名がいくつ出せるか,外国人の名前を何人出せるか」など,バリエーションを変えて曜日対抗にしても面白いですよ(毎週,桜の木の花の数が変わる)。「水曜日の利用者は勉強系が得意」「金曜日は運動系が強い」など,特徴が分かります。

❻風物詩と同様,グループごとに発表する。

❼最終的に,全体で,風物詩と漢字がいくつ出たかを発表し,その数だけ壁に貼られた桜の木に桜の花を貼る。

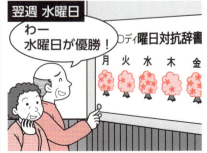

❽翌週,優勝チームは表彰をする。

第2章 中重度認知症の人への レクリエーション

　以前，私が老健施設で働いていた時のことです。介護職員から「Ａさん（重度の認知症の方），カラオケに参加しても楽しそうじゃないし，歌えないのでつまらないんじゃないでしょうか」といった相談を受けました。そこで，私はカラオケレクの時のＡさんの様子を見に行きました。確かに，他の人が歌っているばかりでＡさんは歌っていませんし，表情も楽しそうではありませんでした。既に寝たきりに近い状態のＡさんは上下肢の拘縮が始まり，口を半開きにして天井を見ています。「カラオケはやっぱり苦痛なのかな」とそう思った瞬間，私はＡさんの指に目が釘付けになりました。トントントン…と指で拍子を取っていたのです。上下肢が動かないＡさんは残された機能である「指を動かす」ことで音楽を楽しんでいたのです。

　この時，私は「思い込みで『この人はレクを楽しんでいない』と決めつけるのは怖いことだ」と思いました。人生歴や日々の観察から「その人のやりたいこと」を見つけ出していくことは，表現ができなくなってしまった中重度の認知症の人とかかわる時こそ大事なのではないかと思い知らされた日でした。

　ということで，第2章のテーマは「中重度認知症」です。紹介するレクリエーションゲームは，次のとおりです。

第2章で紹介するレクリエーションプログラム

①名前を呼んで ボール投げ，輪っか投げ

②無人島上陸ゲーム

③新聞紙棒（ラップ芯）遊び

④ラップ芯でどどんがどん

⑤お手玉乗せ

⑥うちわでパタパタ缶転がし

⑦まきまき海のヨットレース

⑧歌の思い出し ゲーム

⑨サイコロでスロット

⑩ペアでことわざ お手玉入れ

⑪サッカーゲート

重度の認知症の人はレクリエーションには
参加できないのか？

1．安心感を抱かせるかかわり

　レクリエーションゲームの対象は，軽度〜中度の利用者が中心であり，寝たきりに近い重度の利用者などは参加できないゲームもあります。ただ，「皆の笑い声が聞こえる」「皆の笑い声に包まれている」ことで元気になる利用者はたくさんいます。

　ゆっくり休めること，痛みがないこと（軽減されること），生活のメリハリがあり，生きていると実感できること，（誰かが）優しい笑顔で話しかけてくれること，たくさんスキンシップをとってくれること，おいしいものを食べること，愛する人が面会に来てくれること，季節や自然を感じること，自分が尊敬され愛されていると確認できることなど，もっとたくさんあるのでしょう。個人差もあるでしょうが，これらのことが重度の認知症の利用者に安心感を抱かせることを，私は介護をする中で経験してきました。

2．幸せなひと時を与えられる工夫

　アメリカの某介護施設では，重度の認知症の利用者の居室にサイドボードのようなガラスの飾り棚が置いてあり，その中にはその利用者が過去に受けた勲章や好きだったスポーツの道具，若いころの写真，家族の写真などが飾ってありました。職員や他の利用者などがその人の人生歴を知ることができ，居室を訪ねて「野球はどこを守っていたのですか？」と質問するなど，コミュニケーションを図るきっかけとなっているわけですね。サイドボードでなくても，昔の写真などを壁に貼って「この人は誰ですか？　お母さん？」などと話しかけてみるのもよいでしょう。たとえ言葉の意味が分からなくても，一緒に懐かしい人の写真を見て，手をさすってもらって，優しく話しかけてもらえることは，その人に幸せなひと時を与えるのではないでしょうか。

3．「施設病」からの脱却を！

　施設の中の居室という狭い空間で介護を一方的に受けることによって，無表情になったり，うつ状態や情緒不安定になったりし，それによって著しく認知症が進行してしまう利用者は，残念ながら日本では多いのかもしれません。また，日中の活動量が少なくなると，不眠，昼夜逆転，食欲減退，便秘

などの身体的症状が出てくることも多々あります。これらは一般的に「施設病」と呼ばれています。

　そういう意味でも，日中，皆でわいわいと体を動かしたり，おしゃべりをしたりする時間はとても大事な時間です。「ああ，楽しかった。今夜はぐっすり眠れそう」「動いたからおなかが空いちゃった！」なんていう言葉が飛び交うような素敵な施設にしていきたいものです。

◉中重度の認知症の人とのコミュニケーション

　私がこれまでレクリエーションを提供してきた中で，意思の疎通が図れなくなってきている中重度の認知症の利用者にかかわる時に大切にしていたコミュニケーション技法をいくつかまとめてみました。

１．不安・不信感を与える言葉がけや態度は慎む

　認知症で記憶に障がいがあり，名前や顔を憶えられなくても，感情を伴った記憶は残りやすいと言われています。したがって，相手に不安や不信感を与える言葉がけや態度は慎むことが大事です。イメージで「あの人は信頼できる」と安心感を持っていただくことが必要です。

２．笑顔が大事

　認知症の人でも，「笑顔」は認識しやすいと言われています。認知症ケアは合わせ鏡とも言われますが，こちらが疲れ果てイライラしていると相手も不安になってきます。不安が募るとレクリエーションどころではありません。笑顔で余裕のある態度がコミュニケーションをスムーズにしてくれるのです。

３．視野に入る

　認知症が進むと，視野が狭くなると言われています。遠くから誰かが話しかけても，どこから声がするのか分からなくて不安になったり，急に誰かが近づいてきて（相手は視野に入っていると思っているので普通に近づいているのだが）驚いてしまったり…。そんな怖い思いをしているなんて思いもよらなかったですよね。相手の視野に入ったことを確認（相手と目線を合わせる，手を振り反応を確認する）してから言葉をかけるようにしましょう。

4．無理強いはしない

　レクリエーションに限らず，参加したくないのに無理やり参加させること
は本人を苦しめることにつながります。皆の笑い声が楽しそうで様子を見に
来る，その時に「一緒にいかがですか？」と誘うという，自然で自由な雰囲
気をつくりましょう。

5．短い言葉を使う

　言葉の意味が分からなくなっている人に長々と説明することは，外国語で
話しかけているようなものです。短い言葉でゆっくり，はっきりと話しま
しょう。「ごはんです」「ボール，投げますよ」のように，１～２語をゆっく
りと話すようにしましょう。

6．相手の言葉を反復し，受け入れる

職員　「ごはんができましたよ」

利用者「船に乗って行っちゃったから」

職員　「船に乗って行っちゃったんですねぇ。きっとすぐ帰ってきますよ」

　もし，このように会話が成り立たなくても，困った顔や無視をせず，相手
の言葉を反復し受け入れることで相手が安心してくれることが多いです。そ
の後に，「食べましょうね」とお膳を置いて，食事を楽しんでもらうように
しましょう。

7．「言葉がけ」の統一

　認知症が進むと，「自分の置かれている状況」が分からなくなる人がいま
す（これを「見当識障害」と言います）。

　「槍のお稽古が始まるから出かけます」（太平洋戦争中だと思っている），
「赤ん坊におっぱいをあげなくちゃ」（産後だと思っている），「明日の朝，会
議があるから」（会社勤めをしていると思っている），「子どもが学校から帰っ
てくるから，ご飯の支度をしなくちゃ」（自分が30代だと思っている）など
と言う人に「レクリエーションゲームをしましょう」と誘っても，「そんな
ことしている場合じゃない」と断られてしまいます。

　こういう場合も，相手の気持ちを尊重しましょう。私は，「槍のお稽古は
来週に延びましたよ」「赤ちゃんはまだ寝ているから30分くらいゆっくりし
ていきませんか？」「会議の準備はもう終わっているから，ちょっと体操で

もして体を動かしましょうよ」「今日は，おばあちゃんが晩ご飯を作ってくださると言ってましたよ」などと言って，レクリエーションゲームにお誘いしてしまいます。

　要は，「あなたは，今ここでゆっくりしていても大丈夫なんですよ」というメッセージを届け，相手が納得してくれればよいということです。「あなたは今，30代だと思っているようだけれど，実は90歳で，お子さんも70代なんですよ」などと説得したところで，相手は混乱するだけということです。

　ただ，中には，ヒントを出したり，正直に言ったりすると「分かった」と納得する人もいますので，その利用者の性格や認知症の進み具合を勘案して対応しましょう。そしてその場合も，職員間で「言葉がけ」を統一することは必要です。Ａ職員とＢ職員が違うことを言うと混乱しますので，チームで言葉がけや対応を統一しましょう。

中重度の認知症の人にレクリエーションゲームを提供する時のポイント

１．単純で，展開がない

２．分かりやすい

見やすい，聞こえやすい，忘れてもホワイトボードに書いてあるなど。

３．信頼している人（好きな人）がそばにいる

「この人がいるから少し遊んでいても大丈夫だな，安心していいな」と思ってもらえます。

４．自由で，拘束されない

部屋を出たり入ったりしても構いません。

５．無視をされない，馬鹿にされない，能力差を暴かれない

運が左右するゲームなどを取り入れましょう。

６．今持っている能力を失わないよう体を多種多様に動かす

　例えば，ボールを投げる，蹴るといった動作です（「①名前を呼んでボール投げ，輪っか投げ」など）。

7．最初は一緒に行う

　道具の使い方やゲームの流れが分からなくなる場合は，最初は一緒に行いましょう。途中で手を離しても，そのまま一人で続けられる場合があります（「⑥うちわでパタパタ缶転がし」「⑦まきまき海のヨットレース」など）。

8．模倣（真似をする）は有効

　目の前で職員がやることを真似してもらいます。間違えてもとがめず，好きなように動かしてもらいましょう（「③新聞紙棒（ラップ芯）遊び」「④ラップ芯でどどんがどん」など）。

9．反射の動きを利用する

　風船バレーなどは，ボールが投げられなくても，反射的に打ち返せる人もいます。

10．円座で的を真ん中にしたゲームは有効

　時間が間延びすると，飽きて歩き出してしまったり疲れて寝てしまったりする利用者がいます。「②無人島上陸ゲーム」など，円座で的を真ん中にすると，ゲームが早く進行するため，すぐに自分の番が回ってきます。これを直線で箱などに入れるようなゲームだと，参加者がスタート地点に何度も何度も並び直す必要があり，ゲームの多くの時間を移動に取られてしまいます。円座で真ん中が的だと距離も角度も同じなので，移動しないで座っている位置のままゲームを進行することができて間延びしません。

11．音楽は有効

　言葉を忘れてしまっても，歌を歌える人はいます。また，童謡や唱歌など子どもの頃から歌い慣れている歌は，最初の1節を歌うとつられて歌い出す人もいます。「憶えている」というよりも「つられて歌ってしまう」という反応ですが，とても楽しそうです。「⑧歌の思い出しゲーム」は，スキンシップと音楽を取り入れたゲームです。

1 名前を呼んでボール投げ，輪っか投げ

期待される効果・効能	●投げる・受け取る動作の向上　●上肢の運動 ●体幹筋の向上　●腹筋や背筋の向上 ●目と手の協調した動作の向上 ●肩関節の可動域の向上 ●動作を滑らかに行うための全身筋力の維持・向上 ●名前を呼ばれることでの安心感，所属感や記憶力の向上が得られる
時間	20分
場所	フロア
人数	10～20人
隊形	円座
準備する物	●よく弾むボール（柔らかいもの）　●ラップ芯 ●ビニールホースで作った輪っか（大きいサイズと小さいサイズ）

進行

●名前を呼んでボール投げ

❶ 利用者に円座になってもらい，真ん中に職員が立つ（参加者が多い場合は職員2人で半円ずつ担当してもよいが，ぶつからないよう気をつける）。

❷ 職員が利用者の名前を呼んで，その人に向けてボールを投げ，受け取ってもらう。

❸ 受け取ったボールを利用者に投げ返してもらう。

❹ 全員終わったら，今度はボールを床にバウンドさせて投げ，受け取ってもらい，同じようにバウンドさせて返してもらう。

❺ 1人でできない場合は，職員が一緒に受け取り，投げ返す（無理強いはしない）。

- 眼鏡をかけている人は，外してもらいましょう。
- 幼稚だと思う人もいるかもしれませんが，認知症も重度になると，ボールの投げ方が分からなくなったり，ボールを投げて受け取った後に「ボールを投げてください」と職員が言った言葉の意味が分からなかったりする人がいます。
風船バレーは風船の動きがゆっくりなので目に留まりやすいため，風船が飛んできた時に反射的に打ち返すことができることもあります。
- 認知症が進むと，どんどん日常生活上での動作ができなくなっていきますので，上肢や下肢のさまざまな動きを体験することはとても大事です。いつまでも「動き」を忘れないように，レクリエーションゲームを通して楽しく体を動かしていきましょう。

● 名前を呼んで輪っか投げ
　❶ 利用者にラップ芯を持って円座になってもらい，真ん中に職員が立つ（参加者が多い場合は職員2人で半円ずつ担当しても良いが，ぶつからないよう気をつける）。
　❷ 職員が利用者の名前を呼んで輪っかを投げ，利用者にはラップ芯を使って受け取ってもらう。うまく受け取ることができたら拍手！

　❸ 2巡目は小さな輪っかに挑戦。うまく受け取ることができたら拍手！
　❹ 次は，真ん中の職員がラップ芯を持ち，利用者が輪っかを投げる。

● 輪っか投げは利用者の身体能力に応じて，そばに近づいたり，高低差や左右差をつけたりして可動域を広げるようにしてみましょう（疾病のある人はリハビリテーション職などに相談するようにしてください）。
● ボールの大きさを変えたり，ボールを蹴るなど方法を変えたりしてもよいですし，輪っかの大きさを変えたものを数種類作って，得点制にしても楽しいですよ！

2 無人島上陸ゲーム

期待される効果・効能	●下肢筋力の向上（大腿四頭筋の向上） ●目と手の協調した動作の向上 ●チームワークで一体感を感じる ●競い合うことで高揚感や達成感を感じる ●腹筋・背筋（体幹）の筋力アップに効果あり ●ストレスの解消
時間	20～30分
場所	フロア
人数	20人くらい
隊形	円座
準備する物	●空き缶（赤・青20本ずつ）　●紐　●ガムテープ

進行

❶利用者に円座になってもらう。

❷真ん中に紐で円をつくり，テープで床に貼り付ける。

❸半円で「赤組」と「青組」に分かれることを説明する。

❹「赤組」「青組」それぞれに自分の組の色の缶を足元に立たせて，利用者に蹴ってもらい（缶蹴りの要領），円（無人島）の中に入れるように説明する。

❺一巡したところで，円の中にどちらの組の色の缶が多いか発表する。

❻もう一巡，繰り返す。

❼2回戦は手で投げて行ってもよい。

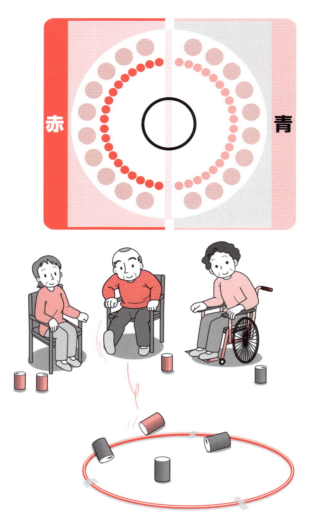

- 空き缶を蹴って真ん中の円に入れるだけのゲームです。缶は，側面に赤や青の色紙を巻き付けておきましょう。

- 缶が円の中に入れば大拍手。自分が入れた缶が相手チームの缶を押し出した，相手に押し出されたなど，ドラマが生まれるゲームです。

- 最初に空き缶を2本渡すと順番が来ないのに蹴ってしまう人がいます。そういう場合は，順番が来たら缶を渡すようにするとよいでしょう。

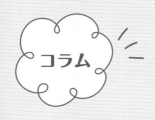

記憶障害のため途中で何をしているのか忘れてしまう利用者

　「ゲームをやっているうちに何をやっていたのか忘れてしまう」という利用者もいます。3分前に食事をしたことも忘れてしまうのですから，ゲーム中に「あれ？　何をしていたんだっけ？」となってしまっても不思議ではありません。

　こういったことに対応するには，ホワイトボードなどにレクゲームの内容を書いておく方法が有効です。私はレクゲームの内容をそのままタイトルにしてホワイトボードに書いておきます。例えば，「ボールを早く回せ！　ゲーム」や「おたまでピンポン玉まわしゲーム」などと大きく書きます。読字ができなくなっている人もいますので，その下にイラストを描き，ゲームの様子が一目で分かるようにします。

　また，自分が赤組だったか白組だったか分からなくなってしまう人もいます。このような場合は，床に赤や白の画用紙で「赤組」「白組」と書いたものを貼ったり，ホッケーなどゴールがある場合は，進行方向が分からなくなってもいいように床に矢印を書いたりするなどの工夫があると，よりスムーズにゲームを進行できると思います。他にも，円形に座ってもらい，半円ずつのチーム対抗にすれば，途中で何をやっているか分からなくなっても，目の前の人の真似をするだけでゲームに参加できます。物を送る速さを競うゲームであれば勝敗（進み具合）が分かりますから，ハラハラドキドキ，ゲームを盛り上げる助けにもなります。

3 新聞紙棒(ラップ芯)遊び

期待される効果・効能	●上肢・下肢・体幹筋力のアップ ●模倣で体を動かす　●音楽を楽しむ ●座位保持の向上　●手首や肩関節のストレッチ効果 ●更衣動作の向上につながる上肢機能の向上 ●敏捷性やバランス感覚　●回想効果 ●スポーツや家事の動きを思い出す ●全身運動や有酸素運動につながる
時間	20分
場所	フロア
人数	20人くらい
隊形	円座
準備する物	●新聞紙で作った棒(あるいは長いラップ芯)
進行	

❶日常生活動作を意識した体操を行う。

> 棒を持って手首を上下にひねるストレッチ，衣服の着脱を意識した腕や肩を動かすストレッチ，上肢や下肢の筋力アップ体操など。

●新聞紙棒を使って，いろいろな動きをしてみましょう。今回紹介したのは一例ですが，皆さんでアレンジして，20分ほどの体操にしてみてください。難しそうに見えますが「真似をしてください」と言って一緒に歌いながら行うと，遅れてついてきてくれます。ゆっくり行うようにしましょう。

❷ドレミファ体操を行う。

> ラップ芯を両手で水平に持つところから始めます。
> ①まず前屈をしてラップ芯を足先に持っていきます。これがドです。
> ②向う脛がレ（弁慶の泣き所と言われているところ）
> ③膝がミ
> ④太ももがファ
> ⑤おへそがソ
> ⑥首の前がラ
> ⑦おでこがシ
> ⑧頭の上でばんざいをしてド
>
> ここからドシラソファミレド，と下がっていきます。2回ほど行い，全員ができるようになれば応用編です。
> ①ソ（おへそ）
> ②ド（足先）
> ③ラ（首）
> ④ファ（太もも）
> ⑤ミ（膝）
> ⑥ド（足先）
> ⑦レ（向う脛）
> ⑧ソ（おへそ）
> ⑨ド（足先）
> ⑩ラ（首）
> ⑪シ（おでこ）
> ⑫ド（頭の上）
> ⑬レ（頭の上から後方へ伸びをする）
> ⑭ド（頭の上）

❸ 棒の下の方を持った状態から，一度手を離してまたつかむ（敏捷性を養う）。

❹ 手のひらの上で棒を立たせる（バランス感覚を養う）。

❺ スポーツ（野球，テニス，剣道など）の動きをする。

❻ 昔の家事（ごますり，落ち葉たきなど）の動きをする。

- 昔なじみの動きを思い出したり，体が憶えている記憶を引き出したりします。この時，「上手ですねえ」「落ち葉たきなんてしたことないので教えてください」など，利用者を先生にすると，うれしそうに教えてくれますよ。
- 男性には，子どもの頃に遊んだチャンバラの動きが人気です。

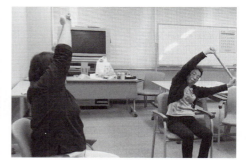
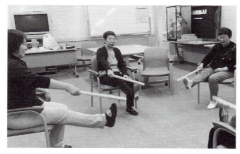

●中度の認知症になると、説明の意味が分からなかったり、説明をしても忘れてしまったりする人がいますが、そういう人には、「模倣」するレクリエーションが有効です。前に立つ職員の真似をすればよいので、体操やダンスは難しくなく楽しい時間になります。重度になると全く模倣もできなくなりますので、できるうちは体操やダンスなど体を動かす機会をどんどんつくりましょう。

4 ラップ芯でどどんがどん

期待される効果・効能	●上肢の運動(「叩く」能力の維持) ●集中力の向上　●免疫力の向上 ●リズムを楽しむ　●歌うことで口腔機能向上 ●ストレス発散 ●懐かしい歌は回想法になることで長期記憶の向上 ●目と手の協調した動作の向上
時間	10~15分
場所	フロア
人数	10人くらい
隊形	テーブル席
準備する物	●ラップ芯1人2本

進行

❶4拍で「桃太郎」を歌いながらラップ芯でテーブルを叩く(2つの動作を一緒にできなければ,叩くだけでよい)。

❷4拍・8拍で「浦島太郎」を歌いながら叩く(ゆっくりのスピードで)。

● 中度の認知症になると「集団になる」ことが難しくなってきます。「集まってください」と誘っても，集まってくれないことがあります。ラップ芯でテーブルを叩くこのレクリエーションは，ストレス解消になりますし，楽しそうに叩いている音楽につられて参加する人もいます。

❸「茶摘み」を歌いながら叩く（合いの手の部分はラップ芯同士を打つ）。

❹「村祭り」を歌いながら叩く（「どんどんひゃらら」は好きなように叩く）。

- 「騒音がうるさい」と言う人もいますので，音楽活動を始めてよいか確認し，場所を選んで行いましょう。太鼓は，職員が手本を示しますが，利用者には好きなように叩いてもらってOKです。

❺ 「炭坑節」を歌いながら叩く（好きなように叩いてもらう）。合いの手で「どんどんどん，どどんがどん」など拍子をつけると，好きなように叩けるようになる人もいる。

❻ 進行役が例えば「3＋4は？」などといった簡単な足し算の問題を出して，みんなで「1，2，3，4，5，6，7」と声を出しながら叩いていただく。全員が揃ったら拍手！

- 軽度・中度の認知症であれば，足し算ができる人がいます（引き算は難しい）。正解だった時に大きな自信となりますので取り入れてみてください。

5 お手玉乗せ

期待される効果・効能	●上肢の運動（「投げる」能力の維持） ●目と手の協調した動作の向上 ●座位バランスの向上 ●ハラハラドキドキの高揚感を感じる
時間	10分
場所	フロア
人数	4～5人
隊形	円座
準備する物	●ごみ袋かバランスボール（少し空気が抜けたもの） ●お手玉

進行

❶ 4～5人が円座になり、中央にごみ袋（もしくはバランスボールの空気が抜けたもの）を置く。
❷ お手玉を1人1つずつ、順にごみ袋に向けて投げ、上に乗せる。
❸ バランスが崩れ、お手玉が床に落ちたらゲーム終了。落とした人の負けです。

●空気の抜き具合がポイントです。
事前に試してどのくらいの膨らみがよいか確認してください。

みんなの中で笑っている自分

　グループ分けをする時,「認知症の人だけいつも別」というのはどうでしょう？　認知症の人は理解力が低下しているとは言え,「感情」はみずみずしく残り,「自分だけはじかれている」ことに気づいています。

　以前, 私が認知症フロアにおいて, 1人不安そうにたたずむ利用者に「大丈夫, 私たちが守ってあげるから」と声かけしたことがあります。その言葉に反応して溢れるように流れ出したその利用者の涙を, 私は忘れることができません。「本当は分かっているんですよね？」と語りかけたら, 涙をポロポロこぼした失語症（認知症による）の利用者の目が忘れられません。

　認知症が重度になっても,「どうせ分からないのだから」と考えるのではなく,「みんなの中で笑っている自分」を感じてもらえる場をつくることはとても大切なことだと私は思うのです。

　その一方で,「認知症の人とそうでない人」が混在すると, トラブルも多く起こります。レクリエーションゲームが成り立たず, けんかになってしまったり, 認知症でない人がつまらないと思ってしまったり, みんなの前で「恥をかかされる」「認知症であることを暴かれる」ことで傷つく経験を持つ認知症の利用者もいると思います。

❻ うちわでパタパタ缶転がし

期待される効果・効能	●手首の運動(「あおぐ」能力の維持) ●上肢の運動　●ハラハラドキドキの高揚感を感じる ●巧緻性の向上(手指の向上)　●集中力の向上
時間	10～20分
場所	フロア
人数	10～20人
隊形	テーブル席
準備する物	●長テーブル　●うちわ　●空き缶(アルミ)
進行	

❶長テーブルの端に, 利用者2人が並んで座る。
❷「よーいどん」で, うちわであおぎ, 空き缶を前に進ませる。
❸下に落とさず, テーブルの上の一番遠くで止めた人の勝ち。

- カラーテープで記録を残していけば、最終的に誰が一番ぎりぎりで止められたか分かります。
- うちわであおぐことができない人は、最初だけ一緒にあおぐと、手を離しても１人であおげることがあります。

言語コミュニケーションより非言語コミュニケーション

　認知症フロアでレクリエーション援助を行った際に感じたことは、「競争のように急かされるゲームを嫌う人が多い」ということでした。自分のペースを守り、好きなように仕事を進められる環境にいると落ち着く様子が見られました。

　女性は、言語よりも歌（音楽）や写真など、「聴いて心地良い」「見て美しい」「面白いジェスチャー」のような言葉以外の外的刺激に非常に良い反応を示します。特に模倣できる体操やダンスなど、単純で感性に訴えるようなレクリエーションの方が参加率も高かったのです。

7 まきまき海のヨットレース

期待される効果・効能	●手首の運動(「巻く」能力の維持) ●上肢の運動 ●自分で創作したものを競わせる楽しさ ●競うことで高揚感を感じる ●手指の巧緻性の向上　●握る力の向上 ●指を使うことで末梢血管の血流が良くなり,血圧を下げる効果がある
時間	20～30分
場所	フロア
人数	10～20人
隊形	2～4人でいす席
準備する物	●波(紐)を2本 ●岩(ボールを置いた籠やペットボトルで作ったもの) ●ヨット ●紐(ロープ) ●ラップ芯

水の入ったペットボトルに厚紙を貼りつける

岩

進行

❶利用者と一緒にヨットを作る(写真参照)。

・ティッシュペーパーの箱の底面をアイロンの先のようにカットして,側面をくっつける(ここまで職員で準備する)。

・色紙や旗などで，利用者に飾り付けをしてもらう。

・ヨットの先にビニール紐を付けて，ラップ芯に結び付ける。

❷ヨットを2～4台並べて，ラップ芯を手で巻いて荒波や岩があるコースを足元まで引き寄せながら競争する。
❸ヨットが足元まで先に到着した人の勝ち。

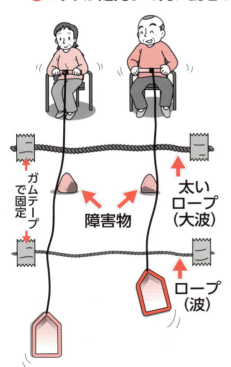

●巻くことができない人は，最初だけ職員と一緒に巻いてそっと手を離すと，続けて巻けることがあります。
●ヨットに人形を乗せるなどして難易度を変えてもよいでしょう。

8 歌の思い出しゲーム

期待される効果・効能	●口腔機能の維持・向上 ●スキンシップ ●歌う能力の維持 ●懐かしい歌で長期記憶の向上 ●聴覚刺激による覚醒の向上
時間	10〜20分
場所	フロア
人数	10〜15人
隊形	円座
準備する物	●歌の出題カード

進行

❶参加者は円座になり，職員（司会）が中央に立つ。
❷BGM（メロディだけのもの）を流す。
❸職員が1人の利用者の前に立ち，「○○さん，こんにちは。お元気ですか?」などと短いあいさつをして握手をする。これを，他の利用者にも次々と繰り返していく。
❹音楽が止まったところで，職員が「音楽が止まったのでクイズを出します。私が歌を歌ったら続きを歌ってくださいね」と言う。

❺職員が歌いながら出題カードを出し，続きを利用者に歌ってもらう。

- 「出題カード」はあらかじめ難易度を分けておきます。認知症が進んでいる人には，その人が日ごろから歌っている歌や知っていそうな歌を出題しましょう。
  認知症でない人には，難易度の高い歌を出題します。
  例「青い山脈」など

- もし分からないようなら，「みんなで歌ってみましょうか」と皆で歌います。歌えた場合はもちろん大拍手です。
  このゲームは勝敗をつけず，あいさつと体調確認，歌って楽しむことを目的とします。

- 認知症のある人が，童謡や唱歌の初めを歌うと，反射のように続きを歌い出すことがよくあります。全員で合唱になりとても楽しそうです。

❻音楽を再び流し，あいさつを続ける（2巡目は「こんにちは」と握手のみ）。

コラム ウェルズの介護原則

　介護施設には多くの認知症利用者がいらっしゃいます。皆さんは「ウェルズの介護原則」をご存じですか？

---

①残存機能と喪失機能の評価
　認知症の人はすべてのことができなくなっているのではなく，自分ひとりでできることや，周囲の人の助けがあればできることも多い。認知症介護で大切なのは，残されている機能の評価，今何ができるのかを正しく見極めることである。また，認知症によって何が失われてしまったのか，できることできないことを見極める。

②回復可能な機能の回復努力（できる可能性があるものの発見）
　回復の可能性がある機能についてはその回復努力をする。また，本当にできないのか，その機能を使う機会がないのか，やる気が失せてやらないのかを正しく見極め，使用する機会をつくったり，やる気を起こしてもらえるよう援助を行ったりする。

③喪失機能を使う機会を減らす（できないことをやらせない）
　できなくなってしまったことをやらせようとするのは逆効果。できないことをやらなければならないような状況をつくらない。

④残存機能を活用する（できることはやってもらう）
　残されている能力を最大限に発揮できるように残存機能を使用する機会を増やしていく。また本人ができることに対しては，介護者が手を出さずできない部分だけ援助する。

長寿社会開発センター 介護職員基礎研修テキスト〈第二版〉第４巻認知症の理解と対応

　よく考えれば単純で分かりやすい原則です。残されている部分を使い，使う機会をつくり，できないことはやらせない，できることはやってもらう。そのことを踏まえて，全員参加のレクリエーションゲームに挑戦しましょう。

　一般的にゲームは，身体的・知的能力が高い方が有利ですが，ビンゴ，サイコロ，じゃんけん，くじ引きなど運が左右するゲームは，「常に勝つ人，負ける人」を作りません。

　以前，すごろくで重度の認知症のある利用者がサイコロを放り，その際「３を出して―」とグループの声援を受けて３を出したことがありました。その利用者は一気にヒーロー扱いとなり，大拍手を浴びました。役割を持って，期待に応えるという貴重な場面がレクリエーションゲームで生まれたのですよね。

9 サイコロでスロット

期待される効果・効能	●持つ・投げる・放す動きの向上 ●上肢機能の向上 ●ハラハラドキドキの高揚感を感じる ●計算に必要な記憶力の向上 ●達成感や一体感を感じる ●チームワークを養う
時間	20分
場所	フロア
人数	15〜20人
隊形	円座
準備する物	●新聞紙と厚紙で作ったサイコロ3つ ●ホワイトボード

進行

❶新聞紙を5,6枚丸めて,周りに厚紙を貼り,サイコロを3つ作る。

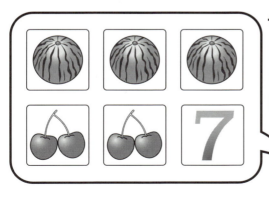

サイコロの面は,「7」が一面,「チェリー」が二面,「すいか」が三面

❷円座に座り, 半円ずつ赤組と青組に分かれる。
❸ホワイトボードに, 「7・7・7…100点」「チェリー・チェリー・チェリー…50点」「すいか・すいか・すいか…10点」と書いておきます。
❹3人に1人1つずつサイコロを持ってもらい, じゃんけんで勝った組から3人が同時にサイコロを振る。
❺赤組, 青組, 交互にサイコロを振り, ホワイトボードに得点を記入していく。
❻得点を合計して勝敗を決める(時間に応じて何回戦するかを決めておく)。

● 認知症があって計算ができなくても, 「7・7・7」とゾロ目が揃えば, 数が揃ったことを喜ぶことができる人もいます。
運も実力のうちです(笑)。

10 ペアでことわざお手玉入れ

期待される効果・効能	●上肢の運動（「投げる」能力の維持） ●ことわざを思い出すことで長期記憶の向上 ●チームワークを養う ●一体感や所属感（安心感）を感じる
時間	20分
場所	フロア
人数	15～20人
隊形	円座
準備する物	●ことわざを書いたA4サイズの紙（上の句と下の句に分ける） ●お手玉

進行

❶円座になって赤組，青組に分かれる。

❷各チームとも，「ことわざがあまり得意そうでない人」（中重度の認知症の人）と「ことわざが得意そうな人」を分けて席を決めます。

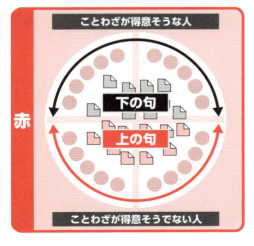
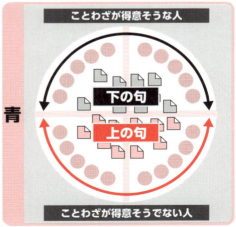

❸まず,「ことわざがあまり得意そうでない人」の前に上の句を10種類置き,「ことわざが得意そうな人」の前に下の句を10種類置く。

> 【例】
> 上の句「犬も歩けば」「弱り目に」「三つ子の魂」など
> 下の句「棒に当たる」「たたり目」「百まで」など

❹「ことわざがあまり得意そうでない人」が上の句の上にお手玉を投げる。
❺「ことわざが得意そうな人」が下の句にお手玉を投げて,ことわざを完成させる。

● 第1章で紹介した「ペアで対抗 時事ニュース」「ペアで言葉づくり」などと同じ要領です。
認知症が進んでも,ことわざを言える人がいます。
お手玉が乗った時は大拍手で盛り上げましょう。

● 下の句が分からないようなら,チーム全体で考えるようにします。チームの誰が答えてもよいというルールです。
そして,皆でそのことわざがどんな意味だったか話し合ってみましょう。
ことわざを忘れてしまった人も,思い出してくれるかもしれませんね。

11 サッカーゲート

期待される効果・効能	●下肢の運動による下肢筋力の向上（大腿四頭筋の向上） ●座位バランスの向上　●集中力の向上
時間	20分
場所	フロア
人数	15～20人
隊形	赤組，青組に分かれ，2列で向かい合って座る
準備する物	●2Lのペットボトル（水を入れて少し重くしたもの）6本 ●ビニール紐 ●ボール（少し空気の抜けたものがよい） ●ゴールキーパー（ペットボトルに水を入れたもの） ●紐

進行

❶赤組，青組に分かれ2人で対戦する。

❷ペットボトル2本の首にビニール紐を結んだゲートを3つ作る（間隔は1.5～2m）。

❸各ゲートの下の床に紐を貼り付けて，隆起を作る。

❹1つ目のゲートの手前には10点，2つ目のゲートの手前には50点，一番遠いゲートの手前には100点と書いておく。

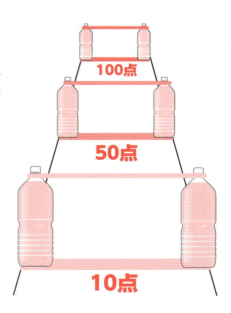

❺1人ずつボールを蹴る（1回は練習，その後2回蹴り，良い方を得点とする）。
❻赤組・青組それぞれ，ボールが止まったところの点数を加算していく（100点のゲートより遠くまで転がした人はすべて100点）。
❼赤組と青組の合計点が，どちらが高いかで勝敗を決める。

● 立った状態から蹴るのが難しい人には，いすに座った状態で蹴ってもらうとよいでしょう。

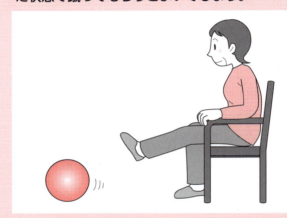

● あまりにも簡単なようなら，最後のゲートの前に，ゴールキーパー（ペットボトルに水を入れたもの）を置き，難易度を上げてもよいでしょう。

● 蹴る動作ができないようなら，職員が利用者の足を手で少し後ろに引き，前に押し出すようにします。その際，力が強いと内出血する場合があるので気をつけてください。

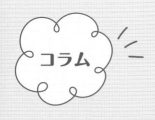

発語がなくても歌は歌える場合も

　認知症が進み，会話によるコミュニケーションができなくなっても，歌なら歌える人がいます。こんな歌はご存じでしょうか？

　「一番はじめは一の宮　二は日光東照宮　三は讃岐の金比羅さん　四は信濃の善光寺　五つ出雲の大社（おおやしろ）　六つ村々鎮守様　七つ成田の不動様　八つ八幡の八幡宮　九つ高野の弘法さん　十は東京招魂社　これだけ心願かけたなら浪子の病も治るだろう　ごうごうごうと鳴る汽車は　武男と浪子の別列車　二度と逢えない汽車の窓　鳴いて血を吐くほととぎす」

（※三は佐倉の惣五郎，八つ大和の東大寺／法隆寺，十で所の氏神さん／東京泉岳寺／東京本願寺など，地域ごとにさまざまなバリエーションが見られる）

　この歌は，明治後期から昭和時代にかけて，全国で歌われていた手まり歌・お手玉歌の一つだそうです。

　また，次の歌も，お手玉歌に使われたそうです。

　「一掛け二掛けて三掛けて　四掛けて五掛けて橋をかけ　橋の欄干手をかけて　遥か向こうを眺むれば　十七八の姉さんが　花と線香を手に持って　もしもし姉さんどこ行くの　私は九州鹿児島へ　西郷隆盛娘です　明治十年三月に　切腹なされた父上の　お墓参りに参ります」

　年齢にもよりますが，「一列談判　破裂して」で始まる日露戦争の手まり歌も子どものころに歌ったと歌詞を覚えている人が結構いらっしゃいます。

　歌詞を一節二節口ずさむと，もしかしたら歌ってくれる人もいるかもしれませんよ。

第3章 身体機能の維持向上レクリエーション

　身体を動かすことは健康につながります。血流を良くし，筋力低下を防ぐだけでなく，さまざまな病気（生活習慣病）を予防してくれます。また，安眠効果や食欲増進，ストレス発散，うつ予防にも効果があり，利用者にとってもよいことづくめですね。

　そんな中，国は「通所サービスでは，なるべく日常生活動作に結びついた機能訓練を行うように」と呼びかけています。一方，独居の利用者の場合，家族から「家で，一人でトイレへ行けるかしら」と心配する声が聴かれますし，同居家族からは「着脱が大変」「ベッドへの移乗で腰を壊してしまった」「風呂で浴槽またぎが怖いから，家で入浴ができない」などさまざまな声が聴かれます。

　通所サービスでは，リハビリテーションも重要ですが，なるべく住み慣れた家で最期まで暮らしていただくためにも，身体を動かし，友達とわいわいおしゃべりをしてレクリエーションゲームを楽しみながら，つらい機能訓練ばかりではなく，身体機能の維持向上につながる日常生活動作を組み込むことは，とても有効なのではないかと思います。「楽しくて，いつの間にか体が動いていた」「負けたくないから一生懸命体を動かした」など，利用者から主体的な声が聞かれるようになるとよいですよね。

　ということで，第3章のテーマは「身体機能の維持向上レクリエーション」です。紹介するレクリエーションゲームは，次のとおりです。

第3章で紹介するレクリエーションプログラム

① 卵詰め競争

② ペットボトルの蓋閉め競争

③ ビー玉転がし　秋の味覚立て

④ 思いっきり槍投げ

⑤ 後ろ向いてボール投げ

⑥ バウンドボウリング

⑦ 缶を拾ってすくい投げ

⑧ ローラーで数字消し

⑨ 足でつまんでポイッ！

⑩ 缶リング

⑪ 吹いてゴルフ

「日常生活動作の維持向上」を目指そう！

　本章で紹介するレクリエーションゲームは，「身体機能の維持向上」と言いつつも，日常生活動作を意識したレクリエーションです。上肢，下肢，口腔と分類していますが，すべてのゲームにおいて共通するのは，「姿勢を正すこと」「足底を接地し前傾すること」を重視しているということです。「座位を保つこと」「立ち上がること」「立位を保持すること」「自分の体を好きなところへ運ぶこと（歩くこと）」ができれば，生活行為の幅が広がり，生活の質が大きく変わってきます。

　誰でも「自分のトイレ行為は他人に見られたくない」「自分のペースで好きなように食事をしたい」「自分のことは自分でやりたい」という気持ちがあると思います。それができないもどかしさやつらさに共感しつつ，「自立支援」などという言葉よりも，「体を動かすと気持ちがよいですよ」「動かさないと動かし方を忘れてしまうんです」などという言葉で上手に動機づけを行って，体操やレクリエーションゲームで少しでも体を動かしていただくようにしましょう。

上肢を動かすゲーム

　本章で紹介するもののうち，上肢を動かすゲームは「①卵詰め競争」「②ペットボトルの蓋閉め競争」「③ビー玉転がし　秋の味覚立て」「④思いっきり槍投げ」「⑤後ろ向いてボール投げ」「⑥バウンドボウリング」「⑦缶を拾ってすくい投げ」です。

　ゲームで用いる上肢の動きには，多くの種類があります。「手で投げる」「手で転がす」「手で打つ」「手で叩く」「手で引っ張る」「手で巻き巻きする」「手でつかむ・つまむ」「手でたたむ」などのほか，「触り心地を確かめる」「紙を丸める」「ちぎる」「切る」「書く」「道具を使う」「バスタオルなどを持って振り上げる」など，ほかにもたくさんあると思います。

　まずは，なぜそのゲームをするのかを考えてみましょう。ストレッチ，筋力や握力の向上，円背の予防，手指の巧緻性・コントロール，手と目の協調，脳の活性化…もっと効能がありそうですね。前述しましたが，「なぜその動きを取り入れているのか」を説明することで，利用者のモチベーションがアップすることが多いです。

　次に，どこを動かすのかを考えます。手や指，腕，肩など動かす場所もいろいろです。上肢を動かすというと，腕や肩の動きをまず連想する方が多い

71

と思います。しかし，私が最近注目をしたのは，デイサービスに通う利用者の「指の力がなくてね。牛乳を買っても牛乳パックが開けられないの。ペットボトルの蓋も開けにくいのよ」という一言です。高齢になるに伴い，指の力もどんどん弱くなってきます。腕や肩だけでなく，手や指を動かすことも生活行為に役立ちます。

　そして，レクリエーションゲームをその利用者の生活行為とどう結びつけるかを考えます。「道具を上手に使えるように」「上手に物を操作できるように」「何かを持てるように」「何かを叩けるように」「何かを支えられるように」「バランスが取れるように」「身の回りのことを自分でできるように（着脱，洗顔，整容，どこかをつかんで立つ，スプーンや箸を持って自分で食べられる）」など，目的はその人によって異なります。利用者の目的に合ったレクリエーションゲームにしたいですね。

🔴 下肢を動かすゲーム

　本章で紹介するもののうち，下肢を動かすゲームは「⑧ローラーで数字消し」「⑨足でつまんでポイッ！」「⑩缶リング」です。

　ゲームで用いる下肢の動きにも，「蹴る」のほかに，「踏ん張る」「足を高く上げる」「股を開く」など多くの種類があります。まずは，上肢を動かすゲームと同様，なぜそのゲームをするのかを考えます。「ストレッチ」「筋力の向上」「足指を動かす」「足指の巧緻性・コントロール」「血流を良くする」「むくみを取る」「脳の活性化」などが考えられます。動かす場所は，足や足指です。

　最後に，レクリエーションゲームをその利用者の生活行為とどう結びつけるのかを考えます。「踏ん張る」「立つ」「立ち上がる」「歩く（体を好きなところへ運ぶ）」「方向転換をする」「バランスを取る」などのほか，もっと具体的に「居室まで歩く」「トイレで立つ」「トイレで腹圧をかける」「浴室内を安全に移動する」「浴槽をまたぐ」「寝返りを打つ」なども考えられます。下肢を使ったゲームは全身を使うので，一石二鳥の優れたプログラムと言えます。

🔴 口腔機能を使ったゲーム

　本章で紹介する口腔機能を使ったゲームは，「⑪吹いてゴルフ」です。口腔機能を使ったレクリエーションゲームには，「息を吐く（大声で音読をしたり，歌ったりすることも含まれる）」「息を吸う（ストローで紙を吸って移動するなど）」「息を吹く（ストローでピンポン玉を吹くなど）」などの動き

のほか,「表情を作る（顔のじゃんけんなど）」なども取り入れると楽しいでしょう。

顔のじゃんけん

パー 大きく口をあける

グー 口をすぼめる

チョキ 舌を出す

　高齢になると口腔機能が落ちてくると言われますが，特に認知症のある人は誤嚥性肺炎になりやすいとも言われているので口腔機能体操やレクリエーションゲームは有効です。

　動機づけとして「皆さん，お茶を飲んだ時，変なところへ入ってしまって目を白黒させたことがありませんか？　苦しいですよね」などと問いかけると，実体験をしている方が多いので，うなずいて聞いているのがよく分かります。「歌を歌うことは，お金がかからず手軽にできる一番いい口腔機能体操になるんですよ。さあ，おなかの底から声を出してくださいね」などと伝えることにより，いつもの倍の声で歌ってくださることがあります。

　また，ストローを使って息を吹くゲームを行う際，特に片麻痺のある人などでは，流涎（よだれが出ること）に気を付けてください。麻痺がないのに流涎がある場合，きちんと口を閉じることができていないのかもしれません。機能が落ちてきている証拠ですね。口を閉じることができているか観察するようにしましょう。

　トレーニングなどで口唇の閉鎖力を高めると，言語が明瞭になり食べこぼしが減る，呼吸をコントロールする力を高める，嚥下機能（舌の機能）を高めるなど，いいこと尽くしです。ストローゲームでも口を閉じることができているか観察するようにしましょう。また，口を閉じることのできない人のために，口元を拭くタオルを準備しておきましょう。

　日常生活動作を意識した身体機能の維持向上レクリエーションゲームは，さまざまなバリエーションが考えられそうです。楽しんで身体や頭を動かしたり，関係づくりの支援をしたりできるよう，担当の皆さん，頑張ってください。

1 卵詰め競争

期待される効果・効能	●手指の巧緻性の向上　●上肢の運動 ●チームワークを養う　●集中力の向上 ●手と目の協調した動作の向上
時間	10分
場所	フロアテーブル
人数	5人以上
隊形	テーブルの前に5人が座る
準備する物	●A3サイズに切った新聞紙を1人につき10枚 ●卵のパック2個 ●輪ゴム

進行

❶ 赤チーム2人，青チーム2人がそれぞれペアになって，2チームが向かい合って座る。工場長役の1人は2つのチームの間に座る。

❷ 各チームそれぞれ，1人が新聞紙をおにぎりを握るように丸めて卵を作り，もう1人がそれを卵パックに詰めて輪ゴムで留める（協力して詰めていく）。

❸ 10個詰め終わったら，工場長に品質をチェックしてもらう。卵が飛び出していたり，卵パックがうまく輪ゴムで留まっていなかったりしたものは，「不良品」として返されてしまう。

❹ チーム内で役割を交代する。

- 上手に丸めることができない場合，ペアの人がもう一度握ってパックに詰めるなど協力します。
- 品質を管理する工場長は，麻痺があって握ることのできない人などにお願いするとよいですよ。
- リウマチなど，医療職から禁止されている場合は行わないでください。

2 ペットボトルの蓋閉め競争

期待される効果・効能	●手指の巧緻性の向上　●座位バランスの向上 ●チームワークを養う　●集中力・判断力の向上 ●手と目の協調した動作の向上
時間	5〜10分
場所	フロアテーブル
人数	2〜4人
隊形	テーブルの前に座る
準備する物 (1対1対戦の場合)	●カットした牛乳パックを9個くっつけたもの2セット 牛乳パックの下部のみ使用し，9個くっつける ●ペットボトル(小)18本(それぞれ赤，青，黄のテープを巻いておく) ●ペットボトルの蓋21個(赤，青，黄を各6個，緑を3個。それぞれの色のシールを貼っておく)

進行

❶ 赤チーム1人，青チーム1人がテーブルで向かい合わせになって座る。

❷ テーブルの中央にペットボトルの蓋(4色のシールを貼ったもの)21個を裏返しで置く。

❸ 牛乳パックを9個くっつけたものに，蓋のないペットボトル(赤，青，黄を各3本)をはめ込む。

❹ 次に，ペットボトルのテープと同じ色の蓋を閉めていく(蓋はひっくり返さないと色が見えない。ダミーで緑の蓋が3つ紛れ込んでおり，判断力が試される)。

❺ どちらが先に9本とも蓋を閉めることができるか競争する。

- 「卵詰め競争」もそうですが，ゲームを始める前に，正しい姿勢で座れているか確認しましょう。「姿勢が悪いと手にも力が入りませんよ」と説明をしてみてください。
- 蓋の開閉もリウマチなどの疾病のある人は禁忌の場合がありますので，医療職に相談のうえ行ってください。

コラム レクリエーションの内容・進行のマンネリ化

　レクリエーションで，内容がマンネリ化することはありませんか？　以前，とあるセミナーで「国語（読み書き），算数（買い物ゲーム，計算ドリル），理科（自然散策，季節を感じる），社会（歴史地理クイズ，新聞読み聞かせ），体育（体操，ゲーム，機能訓練），図工（絵画，工作），家庭科（調理，裁縫），音楽（カラオケ，合唱，合奏）などをバランス良く繰り返すとマンネリ化しない」という話を聞いたことがあります。体育（ゲーム），美術（塗り絵），音楽（カラオケ）ばかりの事業所は，もっとレクリエーションの項目を増やさないと時代に乗り遅れそうですね。

　レクリエーションの"内容のマンネリ化"と共に多いのが，「いつも勝つ人が決まっている」という"進行のマンネリ化"です。ゲームをすると，身体機能が優れ，認知症を有していない，要介護度の低い人が勝つことが多いということでしょう。負けると分かっていて参加するレクリエーションは楽しいでしょうか？「今日は，私，レクをお休みするわ」という声がどんどん増えていきそうですね。そうならないためにも，「どう進行するか分からない，誰が勝っても負けても恨みっこなし」のゲームを考えましょう。

3 ビー玉転がし 秋の味覚立て

期待される効果・効能	●姿勢を正す　●上肢を動かす ●手指，手首を動かす　●ストレス解消 ●見当識・集中力の向上 ●手と目の協調した動作の向上
時間	15分
場所	フロアテーブル
人数	5〜10人
隊形	テーブルの端に2人座る
準備する物	●ビー玉12〜20個 ●セロハンテープ ●厚紙 ●紙コップ12個（赤テープ，青テープを巻いたもの6個ずつ） ●ラップ芯4本（両端のレーン用）
コースの作り方	●紙コップの中に磁石を貼り，厚紙の上にクリップを貼る。寝かした紙コップの中に勢いよくビー玉を転がせば，コップが立つ仕組み。

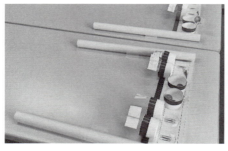

コップには秋の味覚の絵を付ける。

進行

❶ 1人6個（10個でもよい）ビー玉を持つ。
❷ 長テーブルの先に紙コップを寝かせて6つ置き，ビー玉を勢いよく転がして紙コップの中に入れて立たせる。
❸ 紙コップの中にビー玉が入って立てば10点。当てて立てば5点。
❹ 個人戦で戦う。

- ビー玉を転がすだけのゲームですが，紙コップがストーンと立つので爽快感があります。
- それぞれのコップには，松茸，サンマ，かぼちゃ，ぶどう，梨，芋のイラストが貼ってあり，ビー玉が入って立つと旗のように立って見えるようになっています。
  秋の味覚について皆さんで話をしながら進めてみましょう。
- ビー玉がなければゴルフボールでもよいです。

4 思いっきり槍投げ

期待される効果・効能	●姿勢を正す，踏ん張る，前傾姿勢になることが立ち上がりの動作につながる ●肩甲骨を動かすことが着脱の動作につながる ●座位バランスの向上　●腰背部筋の向上 ●集中力の向上　●手と目の協調した動作の向上 ●ストレス発散
時間	10〜20分
場所	フロア
人数	6〜20人
隊形	段ボール箱の前に参加者が2人座る
準備する物	●段ボール箱 大（50×70cmくらい），中（45×60cmくらい）2個ずつ（蓋の部分を1カ所立ち上げ，「30点」「10点」と書いた紙を貼っておく（裏はうちわなどで補強するとよい） ●チラシを細長く丸めて作った槍（先に赤と青のテープを巻く）20本

進行

❶赤チーム，青チーム1人ずつ，いすに座って槍を10本持つ。

❷的は遠くに30点，近くに10点の段ボール箱をそれぞれ2つ並べて置き，なるべく30点をねらって槍を投げてもらう（箱までの距離は，利用者の身体能力にもよるが2〜2.5mほど。箱の後ろが壁だと入りやすい）。

❸両者，10本ずつ投げ終えたら，点数を採点する。

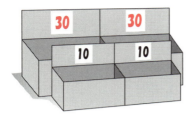

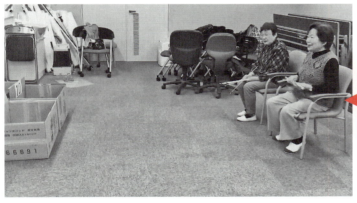

- 着脱を意識したゲームです。「最近，シャツを脱ぐ時に肩が上がらなくなってきたと感じませんか？」と動機づけをしつつ，「動きはゆっくりで構いませんから，腕を上に上げて頭上に槍をかざしたら大きく振りかぶってみましょう」と姿勢や投げ方の説明をしてから投げてもらいましょう。
- 肩関節などに異常がある方は，無理をせず下から投げていただくようにしてください。

5 後ろ向いてボール投げ

期待される効果・効能	●姿勢を正す　●座位バランスの向上 ●肩甲骨を動かす　●腰背部筋の向上 ●集中力の向上　●手と目の協調した動作の向上
時間	10分
場所	フロア
人数	6～20人
隊形	段ボール箱の前に後ろ向きに参加者が2人座る
準備する物	●段ボール箱 大（50×70cmくらい），中（45×60cmくらい）2個ずつ（蓋の部分を1カ所立ち上げ，「30点」「10点」と書いた紙を貼っておく） ●20～25cmほどのゴムボール ●お手玉20個

進行

❶赤チーム，青チーム1人ずつ，段ボール箱に対し後ろ向きにいすに座って，ゴムボールを持つ。

❷的は遠くに30点，近くに10点の段ボール箱をそれぞれ2つ並べて置く。

❸なるべく30点をねらって，ボールを両手で持ち，頭上を越えて投げてもらう（箱までの距離は利用者の身体能力にもよるが1mほど）。

❹2巡目はお手玉（赤組は赤テープ，青組は青テープをぐるっと巻く）を後ろ向きで10個投げる（槍投げよりも段ボール箱の位置を近くにした方がよい）。

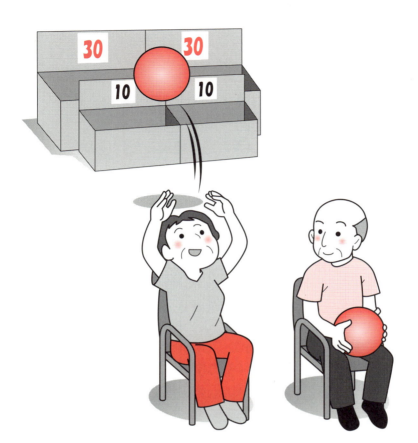

- これも着脱を意識したゲームです。シャツを首穴から後方に脱ぐ時のあの動作です。両手でボールを持ち，なるべく遠くまで後ろ向きで投げてもらいます。最初に後ろを向いて，投げる方向を確認してもらってください。
- お手玉をたくさん投げる際は，両脇の参加者に「もっと右」などと応援してもらうよう説明してください。
- ボールを持ち上げ，投げる動作は，疾病によっては禁忌になる場合がありますので，そのような人の場合は医療職に相談のうえ行ってください。
- 後ろ向きで投げる直前に振り向いてもらい，大体の距離感や方向感覚をつかんでもらいましょう。

6 バウンドボウリング

期待される効果・効能	●姿勢を正す　●足を踏ん張って前傾姿勢になる ●座位バランスの向上　●腰背部筋の向上 ●集中力の向上　●手と目の協調した動作の向上
時間	10分
場所	フロア
人数	6〜20人
隊形	段ボール箱の前に参加者が2人座る
準備する物	●段ボール箱 大 (50×70cmくらい),中 (45×60cmくらい) 2個ずつ (蓋の部分を1カ所立ち上げ,「30点」「10点」と書いた紙を貼っておく) ●20〜25cmほどのゴムボール

進行

❶赤チーム,青チーム1人ずつ,いすに座ってゴムボールを持つ。

❷的は遠くに30点,近くに10点の段ボール箱をそれぞれ2つ並べて置き,なるべく30点をねらってボールを床に打ち付ける (バウンドする) ように投げてもらう。

❸両者4回行い (最初の1回は練習),合計点数を得点とする。

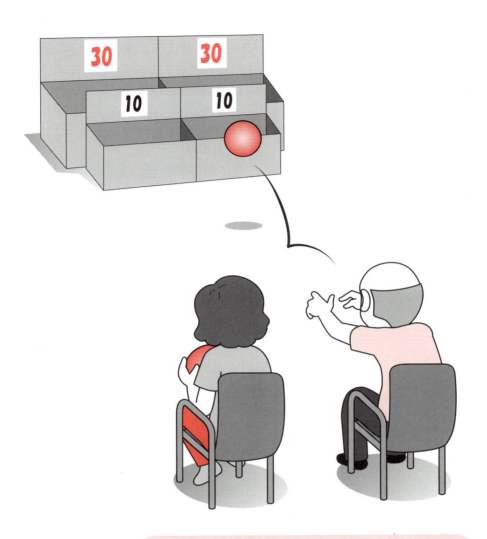

- バウンドのやり方を忘れてしまった人は，一緒に何度か床に打ち付けると思い出してくれる人もいます。床に目印をつけると床に打ち付けやすいです。
- 床にボールを打ち付けるという動きですが，足底を接地し，前傾姿勢を取ることは，立ち上がる際の体重移動に役立ちます。立ち上がりは日常生活動作の基本でもあります。

7 缶を拾ってすくい投げ

期待される効果・効能	●姿勢を正す，踏ん張る，前傾姿勢になることが立ち上がりの動作につながる ●上肢の運動　●腹筋を使う ●色の判断をすることで脳を活性化させる
時間	10〜20分
場所	フロア
人数	6〜20人
隊形	段ボール箱の前に参加者が2人座る
準備する物	●赤チーム用，青チーム用の段ボール箱（中45×60cmくらい）を1箱ずつ，黄色の段ボール箱（大50×70cmくらい）を1箱（それぞれに色紙を貼る） ●赤チームに赤缶10本，黄缶5本，青チームに青缶10本，黄缶5本（赤チームの缶には赤いシールを，青チームの缶には青いシールを貼る。棒に引っ掛けやすいように紐の輪を付けておく） ●新聞紙を丸めて作った棒2本

進行

❶赤チーム，青チームが1人ずつ並んでいすに座る。

❷赤チームの人の前には赤缶10本と黄缶5本，青チームの人の前には青缶10本と黄缶5本を置く。

❸新聞棒で缶をすくい上げ，そのまま箱に投げ入れてもらう。

❹自分のチームの色の缶を自分のチームの色の箱に入れれば10点。少し遠くにある黄色の箱に黄色の缶を入れれば20点。相手のチームの箱に入れたり，箱に入らなかったりした場合は0点。

❺両者すべての缶を投げ入れたところで採点をする。

- 上肢を使うゲームですが,「足底接地」「踏ん張る」「前傾姿勢を取る」という意味でとても有効です。
- 車いすの利用者など,ずっと座りっぱなしの人はお尻を上げることがとても少なくなっています。転落に注意をしながら,お尻を左右に上げる体操や前傾を取るゲームなどで,体重移動の機会を増やし,立ち上がりがスムーズになるよう支援していきましょう。
- 3色が理解できないようなら,赤,青2色にしてもOKです。

8 ローラーで数字消し

期待される効果・効能	●姿勢を正す，踏ん張る，前傾姿勢になることが立ち上がりの動作につながる ●下肢の筋力向上　●踏ん張る　●腹筋，背筋を使う ●上肢の筋力向上　●偶然性を楽しむ ●計算力の向上
時間	10分
場所	フロア
人数	6〜20人
隊形	床に紐を7本引いて手前に参加者が2人座る
準備する物	●細い紐7本 ●1から8までの数字を書いた紙 ●ラップ芯2本（赤と青のテープまたは色紙を巻いておく） ●紐を留めるテープ ●ホワイトボード

進行

❶ 赤チーム，青チームそれぞれ1人ずつ並んでいすに座る。

❷ 細い紐7本にこぶをいくつか作り，床に間隔をあけて並べてテープで貼る。

❸ 紐と紐の間に1から8の数字を書いた紙を置く。

❹ いすに座った2人は，両足を肩幅より少し狭く開き，ラップ芯を踏んだ状態から足で前に転がす。

❺ ホワイトボードには，1，2，3，4，5，6，7，8と書き，ラップ芯が止まったところの数字を消していく。

❻ 交代して，同じように転がす。止まったところの数字を消す。同じ数字が出た場合は，数字は消えない。

❼ 早く全部の数字を消したチームの勝ち。

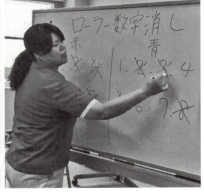

- レク進行役が手本を見せ，「太ももをはじめ足全体に力が入っていること」「腹筋に力が入っていること」「転落しないよう両手でひじ掛けをぎゅっと持っていること（両手にも力が入っていること）」「前傾姿勢が取れていること」を確認して，ゲームを行ってもらいましょう。
- 人数が多い時は，何回戦かに分けたり，ホワイトボードの数字を2〜16として，2回転がして出た数字を足した合計を消していくとよいでしょう。

思い出を引き出す

　ビンゴゲームで「昔の行商ビンゴ」をやったことがあります。この時，利用者はビンゴゲームそのものを楽しむよりも，昔の行商に関することを思い出し，懐かしみ，目を輝かせながら説明をする姿にハッとさせられました。「カルメ焼き屋」の話になると，「自分もよく作った」とカルメ焼きの作り方を上手に説明する人，豆腐屋の話ではラッパの真似をする人，「鋳掛け屋」「ラオ屋」「はいれ屋」など，現在ではその名もあまり知られていない仕事の内容から，自分たちの生活を懐かしく回想する姿が見られました。

　「長老」「おばあちゃんの知恵袋」などとはよく言ったもので，実は昔の生活や道具には，現在は失われてしまった知恵や工夫，アイデアなどが盛りだくさんであることに気づく時があります。もったいないですよね。買わなくても捨てなくてもよいことを教えてくれる先生がたくさんいるわけです。「へえ，そうだったんですか！」「すごいですね。そんなふうに作るんですか」などと相手の話にはずみをつけると，どんどん話してくださる人がいます。

　このような時は，「知りませんでした。もっと教えてください」と相手から学ぶ姿勢が大切です。普段から，自尊心をくすぐり自己肯定感を感じていただくこと，毎日，喜びのシャワーを浴びることは，認知症を有する人だからこそ心理的に訴えかけるものがあるのだと思います。

9 足でつまんでポイッ!

期待される効果・効能	●姿勢を正す ●前傾姿勢になることが立ち上がり動作につながる ●下肢の筋力向上　●足指を動かす
時間	10分
場所	フロア
人数	6〜20人
隊形	2人ずつ円座でいすに座る
準備する物	●箱4個（赤色，青色の色紙を貼ったもの，2個ずつ） ●いす2脚 ●15×90cmに切った段ボール2本（片方の足で箱が動かないよう押さえる） ●お手玉20個

進行

❶赤，青チームから1人ずついすに座り，靴下を脱いで裸足になってもらう。

❷真ん中に置いてあるお手玉を足指でつまんで，箱の中に入れていく（右足で5個，左足で5個入れてもらう）。

❸早く10個箱に入れたチームの勝ち。

❹次の人に交代する。

- 入浴の浴槽またぎを意識したゲームです。
- 足指は1本でも欠損するとバランスが取りづらくなり，転倒の危険性が増加すると言われています。足指は，実はとても大事な役割を担っているのです。「地面の土をつかみ，後ろへ蹴ることによって体を前に押し出している」と言うと，イメージがわきやすいでしょうか。
- 高齢者の中には足指の形が変形をしてしまったり，爪白癬などの病気を持っていたりする人が多数います。衛生面に気を付けながら，時には裸足になってレクリエーションゲームを行ってみましょう。
- 恥ずかしがる方は靴下を履いて行ってもよいですが，「気持ちがいいですよ」と裸足になることを勧めてみてください。
- A4大の新聞紙を丸めて床に置き，両足指を使い広げ，次は広げた新聞紙を半分に折ってまた半分に折るなどといった競争をしても楽しいですよ。ただし，感染予防のために，一度使った新聞紙は捨てるようにしましょう。
- 人数が多い場合は，箱を多めに用意します。箱が動かないよう，もう片足で押さえる土台の段ボールも準備しましょう。

10 缶リング

期待される 効果・効能	●姿勢を正す，前傾姿勢になることが立ち上がりの動作につながる ●下肢の筋力向上（蹴り上げる） ●足と目の協調した動作の向上 ●チームワークを養う
時間	20分
場所	フロア
人数	20人
隊形	円座
準備する物	●紐3本（円を作る）　●100，50，10と書いた紙 ●空き缶（赤：人数×2本，青：人数×2本）

進行

❶赤チーム，青チームそれぞれ半円になって座り，円型を作る。

❷円の真ん中に紐で3重円を作り，数字を書いた紙を置く。中心に行くほど点数が高いことを説明する。

❸空き缶（赤チームは赤の缶，青チームは青の缶）を1人2本ずつ渡し，交互に，缶蹴りの要領で缶を蹴ってもらう（その際，缶は寝かさず立たせて蹴る）。

❹「相手の缶を押し出しても構いません」と説明する。

❺2巡目が終わり，最後に円の中に残った缶の数を数えて合計点を出して勝敗を決める。

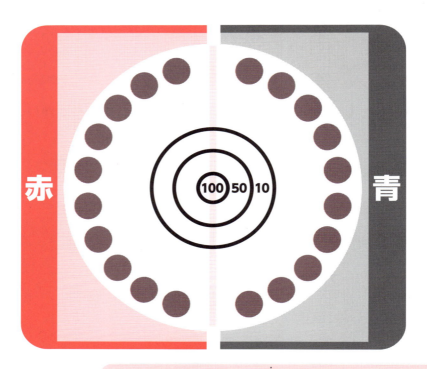

- 空き缶を蹴って行うカーリングです。
「昔，缶蹴りをして遊んだことがありませんか？あの要領で缶を蹴ってください」と説明しましょう。
下肢が動かせない人は，手で投げてもらうようにしてもよいでしょう。
「現在，赤が120点，青が100点で，赤が優勢です」など，途中経過をアナウンスすると盛り上がりますよ。

- 1巡目はなかなか入りませんが，2巡目になると参加者が慣れてきますし，ほかの缶がストッパーになってくれることで的に入りやすくなります。この時，相手の缶を押し出したり，自分のチームの缶を一緒に的に入れたりとドラマが生まれます。2巡目が盛り上がるゲームです。

- 最初に1人2本ずつ缶を渡してもよいですが，認知症のある人などは順番が来る前に蹴ってしまうことがあります。そういう人にはゲームの直前に渡すようにしましょう。

11 吹いてゴルフ

期待される効果・効能	●肺活量（呼吸効率）の向上　●口をすぼめる ●コントロール　●チームワーク
時間	10分
場所	フロアテーブル
人数	10～20人
隊形	テーブルを囲んで座る
準備する物	●セロファン紙を直径5cmほどに丸めた球2個（赤1個, 青1個） ●ゴール（18番ホール）の紐（テープで留める）2本

進行

❶ 5対5で対抗戦。
❷ テーブルの両端に赤チーム, 青チームの「18番ホール（ゴール）」を作る（細い紐で輪を作って貼り付けておく）。
❸ セロファン紙で作った球を, 順に口で「ふー」と吹いて, ジグザグに飛ばし, リレーをしていく。
❹ 最後の人が見事「18番ホール（ゴール）」に入れることができるかを競う。
❺ 赤が終われば青, というようにチームで交代して進行する。

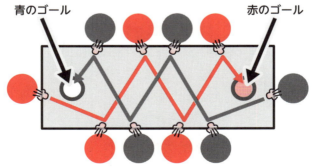

●どこに飛ばせばよいのか, 参加者があまり理解できていないようなら, テーブルにカラーテープで矢印を書くと理解してもらいやすいです。

下肢レクで転倒予防と認知症予防を！

　以前,「歩幅の狭い人や,歩くのが遅い人は認知症になりやすい」という記事を読みました。下肢を動かさないことによる弊害としては,筋萎縮や関節萎縮だけでなく,心機能の低下,血圧・血液循環への影響,そして精神への影響も大きいのだそうです。歩くことで血液が体を巡り,脳に刺激を与えているのだということを知らない人は多いようです。また,体を動かさないことが,やる気の喪失やうつの原因となることも考えられます。残念ながら転倒骨折をして入院し,認知症が発症したり進行してしまったりする利用者もいます。

　要介護になると,歩いてトイレに行けるか,歩いて好きな場所へ移動することができるかが,その人のQOLを大きく左右するということは,介護職員ならよく知っています。「最期まで自分の足で歩く」モチベーションの維持や,転倒予防のために,「下肢」の体操やレクゲームは有効です。

　次のように動機づけしてみてはいかがでしょうか。

　「転んで骨折した方はいらっしゃいますか？　実は,階段や高い所から落ちて骨折するのではなく,ほんの数ミリの段差や溝に足が引っ掛かって転ぶことが多いそうです。あともう少しつま先が上がっていれば,転ばずに済んだということが多いのです。それでは足を鍛え,つま先を上に上げる体操をしましょう！」

　「足指はとても大事な働きをしています。歩く時に地面を蹴り,足を前に押し出すのは,足指が頑張ってくれているからなんですよ。また,転びそうになった時に踏ん張ってバランスを取ってくれるのも足指です。少しでも元気に立ったり歩いたりできるように,足指を鍛えましょう！」

第4章　大人数で盛り上がれるレクリエーション

　施設や通所サービスで行われるレクリエーションは、「集団で楽しむレクリエーション」から「機能的な個別レクリエーション」へと時代は変わりつつあります。しかし、「集団で楽しむレクリエーション」にも意義があり、醍醐味はあると私は思っています。

　「集団レクリエーション」であろうと「個別レクリエーション」であろうと、利用者の思いや生きがいをアセスメントすることは大事です。しかし、限られたマンパワー、かつ多くの利用者を介護する中で、一人ひとりの「楽しみ」のニーズを探り、それに対応していくのはとても難しいことだと思います。嫌がっている人を無理やりレクリエーションゲームに参加させることは、人権無視にもつながります。「参加していて楽しい」と思えたり、達成感を味わえたりするゲームを行っていきたいものです。

　ということで、第4章のテーマは「大人数で盛り上がれるレクリエーション」です。紹介するレクリエーションゲームは、次のとおりです。

第4章で紹介するレクリエーションプログラム

① 陣取りゲーム

② 人生ゲームすごろく

③ サイコロであいうえお

④ カラー神経衰弱

⑤ 都道府県輪投げ

⑥ みんなでクロスワード

⑦ 爆弾回し

⑧ キックベース

⑨ 冬の言葉出しビンゴ

⑩ 重さ自慢, 長さ自慢

⑪ お金釣り

◉集団の相互作用の中で役割を果たし，自分の存在価値を認める

　「グループダイナミックス」という言葉をご存じでしょうか？　心理学者のクルト・レヴィンによって研究された集団力学のことで，集団において人の行動や思考は，集団から影響を受け，また集団に対しても影響を与えるというような集団特性のことを指します。例えば，新しい企画立案のための会議で，個人それぞれが案を出すよりも，会議の場でみんなで案を出し合った方が良い企画が出てくる場合があります。これは，グループダイナミックスによる効果であると言えます。

　施設や通所サービスにおけるレクリエーションで最近重要視されているのが「個別機能訓練」ですが，つらい，苦しい機能訓練では，なかなか意欲がわかず身体が動かせなかったのに，味方チームと協力したり，敵チームと競ったりすることによって，急に利用者同士が仲良くなって表情が明るくなったり，予測しなかったパワーを見せたり，今までできなかったことができたりするなどの奇跡を起こしたという瞬間を，皆さんはレクリエーションの現場で目の当たりにしたことはないでしょうか。

　「みんなと一緒だから楽しんで身体や頭を動かすことができた」「周囲の人に触発されて思い切って行動に移せた」「笑いに包まれて悩み事も吹っ飛んだ」など，身体機能の維持・向上や認知機能への刺激だけでなく，人とのコミュニケーションの機会や役割，ストレス解消の場をつくってくれるのが「集団レクリエーション」です。

　集団内で起こる相互作用が「他者」との関係の中で「自分」を見つめ直すきっかけとなり，自主性が生まれ，生活に対する意欲を生み出してくれることもあるということです。

　また，笑いは伝染すると言われます。集団レクリエーションへの参加を通じて参加者の笑顔を見ているうちに，自分も笑顔になってしまう。ゲームの中でボールが落ちただけで大笑いをしてしまう，こうした集団レクリエーションゲームならではの楽しさを利用者に感じていただけるように準備していきましょう。

集団レクリエーションの効能（醍醐味）

集団レクリエーションは，「みんなでわいわいやっているだけ」のように見えて，実は次のように，多くの効能（醍醐味）があります。

①なじみの関係（なじみの顔，なじみの場所，なじみの時間）が生まれる

②ハプニングが生まれる（台本どおりにいかないところが面白い！）

③知らず知らずのうちに話をしている（そこからなじみの関係づくりが始まる）

④ゲーム性（競い合うこと）で盛り上がり，技能習得や目標達成による高揚感が生まれる

⑤脳を使うことで知的好奇心をくすぐられる

⑥一体感や連帯感，所属意識が生まれる（「一緒に勝ったね」「今度は頑張ろうね」という仲間意識）

⑦自分の役割を確かめられる（名前を呼ばれ，自分の仕事を認めてもらえる）

⑧同じ世代の人と話題を共有できる（「あんなことがあったね」）

⑨みんなで季節を感じ，年中行事を祝うことができる（もともと地域や家族などの集団で祝ってきた）

⑩スポットライトを浴び，適度な緊張感や社会性を保つことができる

① 陣取りゲーム

期待される効果・効能	●判断力・注意力・思考力の向上　●上肢の運動 ●目と手の協調した動作の向上　●チームワーク ●高揚感と達成感　●座位バランスの向上 ●体幹筋の向上
時間	30分（2〜3巡）
場所	フロア
人数	10〜20人
隊形	円座（赤チーム・黄チーム半円ずつ）
準備する物	●受け皿（25cm四方の白い正方形の厚紙〈マチ付き〉）36枚

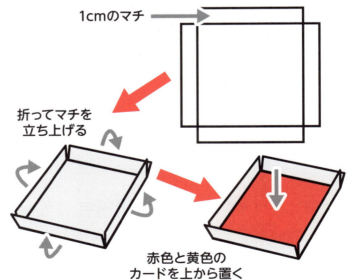

- 25cm四方のカード72枚（赤，黄36枚ずつ）
- 銀色のカード（ボーナスカード）6枚
- テニスボール1個

進行

◆1巡目

❶ 受け皿を6×6（計36個）床に置き，その中に黄色のカード（18枚），赤色のカード（18枚）を隣り合わないように置く。

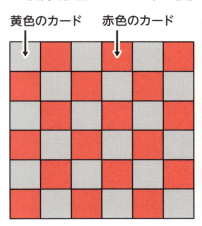
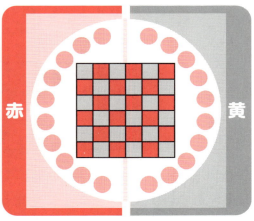

❷ 半分が黄チーム，半分が赤チームになるように円形にいすに座り，じゃんけんで先攻・後攻を決める。

❸ 先攻のチームからテニスボールを受け皿に向けて転がす。
相手チームの色の受け皿に乗れば，自分のチームの色のカードに変更することができる。自分のチームの色の受け皿に乗ったり外に出てしまったりした場合は，色は変わらずそのまま。

❹ チーム交替で順にテニスボールを転がして，自分のチームの色（陣地）をどんどん広げていく。

❺ 全員が終わったら赤色，黄色のカードの枚数を数え，カードが多いチームが勝ち。

◆2巡目
❶黄色のカード15枚，赤色のカード15枚を置き，指定の場所に銀色のボーナスカードを上から乗せる。

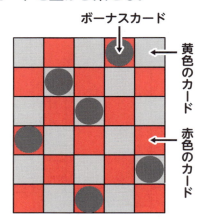

❷銀色のボーナスカードの上に止まったら，横一列5枚すべてが自分のチームの色に変わることを説明する。
❸1巡目と同様にチーム交替でテニスボールを転がして，自分のチームの色（陣地）をどんどん広げていく。
全員が終わったら赤色，黄色のカードの枚数を数え，カードが多いチームが勝ち。

● 認知症のある人には少し難しいかもしれませんが，「自分のチームの色と違うところに入れてくださいね」と根気強く説明しましょう。ゲームを進行していくうちに理解できる人もいます。
● ボーナスカードに乗った時など，大どんでん返しが起こったら，ラッパを鳴らすなどして盛り上げましょう。

2 人生ゲームすごろく

期待される効果・効能	●判断力・注意力・思考力の向上　●偶然性を楽しむ ●上肢の運動　●回想効果（人生を思い出す） ●チームワークを養う　●座位バランスの向上 ●体幹筋の向上
時間	30分
場所	フロア
人数	10〜20人
隊形	円座
準備する物	●色紙4枚（赤・青・黄・緑，1枚ずつ） ●ペットボトル4本（赤・青・黄・緑のテープまたは色紙を貼っておく）（すごろくの駒） ●サイコロ ●100万円札（1チーム10枚＋レク担当者の持ち分10枚） ●借金手形10枚（借金の額を書く） ●すごろく（全30枚：Ａ４サイズの穴あきビニールファイルを紐でつないで，下記のカードを順番に入れる）

スタート → 誕生 → 幼稚園 → 小学校 → 中学校 → 高校受験 → 大学生

新婚生活 ← 結婚 ← 初給料日 ← 就職（会社員，歌手，実業家から選ぶ）

家を買う → 子供が生まれる → 投資（株を買う，土地を買う，会社に投資する）

大出世する ← 子供が大学生 ← アクシデント ← ギャンブル ← 分かれ道（転職，起業など）

子供が就職 → 子供が結婚 → 投資の結果（株が値上がり，土地が暴落，会社が潰れる）

別荘を持つ ← オレオレ詐欺にあう ← 転んで骨折する ← 孫が生まれる

船で世界一周 → 人生最大の賭け → 億万長者か普通の生活 → ゴール

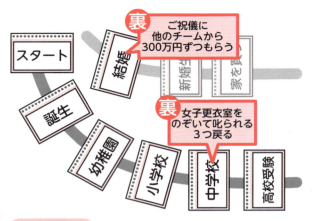

※ところどころ, 裏面にアクションイベントを記入する。
※就職, 投資や転職・起業など, 選択が必要な分岐点をつくる。

進行

❶ 参加者には輪になっていすに座ってもらう（5人×4チーム）。
（自分が何色のチームか忘れないように, 前にチームの色の折り紙を置く）。
❷ すごろくを円の中央に配置し, スタート地点に, 各チームの駒となる4本のペットボトルを置く。

❸ レク担当者が各チームに100万円札を10枚（1千万円）渡してゲームスタート。
❹ 各チーム1人ずつサイコロを投げ, 駒を進める。裏にアクションイベントやミッションが記入してある場合はそれに従う。
❺ 早くゴールしたチームの勝ち。
❻ 最後に手持ちのお金がいくらか発表する（億万長者にならないチーム, 借金を抱えるチームもある）。

- 普通のすごろくと違い，「選択を迫られる分岐点」があるので，チームで相談しながらお金の使い道を考えます。基本的には，サイコロを振った人が決断します。みんなで「もう1つの人生」を楽しみましょう。
- すごろくは紐でつないであるので，会場に合わせて形を変えることができます。収納も便利です。穴あきビニールファイルに入れるようにすれば，中身を変えてすごろくを楽しめます。

ルールにしばられず 自分たちが楽しいと思うゲームを！

　私が以前に勤務していたデイサービスでは，個別レクリエーションのほかに集団レクリエーションの時間を午後に設けていました。レクリエーションの企画書作成と道具の準備はその週のレクリーダーが行いますが，集団レクリエーションの進行係は毎日変わるため，時にルールが変わったり，ゲームそのものが原形をとどめなかったりすることも少なくありません。

　私はそれで良いと思っています。なぜならば，企画書どおりにきっちりとレクリエーションを進めることが良いことだとは思えないからです。にぎやかに盛り上げる職員，真面目にクールに進行する職員，連携の上手な職員，話術で利用者を楽しませることができる職員，さまざまな個性を持った職員たちが「その日のレクリエーション」を作り上げていきます。職員（進行係）と利用者（参加者）が織りなす掛け合いや会話の化学反応こそが，レクリエーションゲームに面白みと意外性を持たせるのだと思うのです。

　最近，こんなことがありました。ゲーム前の自己紹介の際に好きな男性のタイプを聞かれ，「職員のAくん」と答えた女性の利用者さん。Aくんは顔が真っ赤です。まるでデートで告白された場面みたいでした。こんな素顔や意外性を引き出してくれるレクリエーションの時間って，素敵だと思いませんか？

　「こうでなきゃ駄目」としばりつけるレクリエーションほど窮屈なものはありません。もちろん他の職員との連携が必要ですから，事前の打ち合わせやフィードバックは必要ですが，レクリエーションの展開を利用者と共に面白がるのりしろ（余裕）も必要だと思います。レクリエーションの楽しさは，担当者自身が楽しんでこそ楽しみが伝わるという要素もありますから，基本的なルールが伝わり，楽しく進行できるのであれば，型にはめる必要はないと思います。

3 サイコロであいうえお

期待される効果・効能	●記憶力向上　●回想効果あり　●思考力の向上 ●上肢の運動　●偶然性を楽しむ　●チームワーク ●発想力もしくは柔軟性の向上 ●集中力・注意力の向上
時間	30分
場所	フロア
人数	10～20人
隊形	円座
準備する物	●A5サイズのカード48枚（「あ」～「わ」まで1文字ずつ書いておく。「を」と「ん」は抜く。場所のスペースによっては20枚くらいでも可） ●サイコロ

進行

❶ 赤チームと青チームに分かれて円座になる。

❷ 円の中央にひらがなのカードをランダムに置く。

❸ じゃんけんで先攻・後攻を決め，先攻のチームの人からサイコロを振る。

◆1巡目

❹ サイコロが止まったところにあるカードの文字から始まる言葉，かつサイコロで出た目の文字数の言葉を1つ言ってもらう（例えば，「さ」のカードのところでサイコロが止まり，「5」の目が出ていたら，「さくらんぼ」など）。サイコロの目が「1」の場合は，7文字の言葉を言ってもらう（さあ大変！）。言葉が出てこなければ，同じチームの人に相談してもよい。正解すれば10点が加算される！

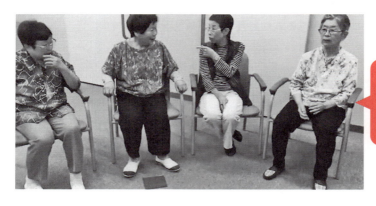

◆2巡目
❺サイコロが止まったところにあるカードの文字から始まる言葉を，サイコロで出た目の数だけ言ってもらう。文字数は何文字でも構わない（例えば，「さ」のカードの上でサイコロが止まり「4」の目が出ていたら，「さる，さつきばれ，さざんか，さらし」など）。出た言葉の数だけ得点が入る。4つ答えたら40点！

❻最後に得点を合計して，高得点のチームが勝ち。

- 3文字くらいまでは簡単ですが，5文字以上になると難しいです。みんなで相談をして言葉を出してもらいましょう。相手チームが間違えて教えてくれても，味方チームの得点になります。
- スペースが狭かったり，下に置くのが大変なようなら「あ〜わ」まで置かなくても，「あ行」から「た行」くらいでも大丈夫です。

4 カラー神経衰弱

期待される効果・効能	●記銘力・想起力の向上　●上肢の運動 ●目と手の協調した動作の向上 ●座位バランスの向上　●集中力・注意力の向上 ●判断力の向上　●チームワークを養う
時間	20分
場所	フロア
人数	10〜20人
隊形	円座
準備する物	●Ａ４サイズのカード24枚（片面に赤, 青, 黄, 緑の色紙を貼ったものを6枚ずつ。もう片面にはすべて黒い色紙を貼っておく） ●お手玉

進行

❶赤チーム, 青チームに分かれて円形に座る。

❷円の中央に, 24枚のカードを黒い面を上にして床にランダムに置く。

❸お手玉を投げて乗ったカードを2枚めくり, 同じ色であれば自分のチームのものになる。色が合わなければ元に戻す。

❹同じチームであれば, 「あそこにあったよ」と教えてよいルールにする。

❺床のカードがすべてなくなったら, 各チームが持っているカードを数え, 枚数の多いチームが勝ち。

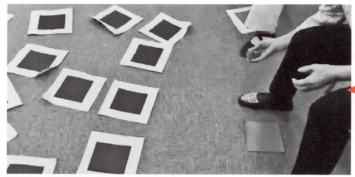

- 黒い紙を貼るのは，裏返しにした時にカードの色が分からないようにするためです。
- １巡目は偶然で当たることが多いです。２巡目からは枚数も少なくなり覚えやすくなります。認知症があっても偶然同じ色を当ててみんなから拍手を浴びることもあり，ハプニングが楽しいです。
- 参加人数やレベルに応じて，枚数を増やしてもよいでしょう。

5 都道府県輪投げ

期待される効果・効能	●見当識の向上　●長期記憶の向上 ●計算力・判断力の向上　●集中力・注意力の向上 ●上肢の運動　●目と手の協調した動作の向上 ●罰ゲームに応じたユーモア　●チームワークを養う
時間	30分
場所	フロア
人数	10～20人
隊形	円座
準備する物	●A5サイズのカード30枚ほど（赤・青それぞれ15枚ずつ。片面に都道府県名を書いておく） ●A5サイズのドボンカード7枚ほど（裏面に罰ゲームを書いておく） ●水の入った2Lのペットボトル6本（札幌時計台，東京タワー，大阪城，五重塔などの名所のイラストを貼っておく） ●輪2つ（赤，青1つずつ）

進行

◆1巡目

❶赤チーム，青チームに分かれて円形に座る。

❷円の中央に赤と青の色がついた都道府県名が書かれたカードをランダムに置く。

❸じゃんけんで先攻・後攻を決め，先攻チームから1人ずつ輪を投げる。赤チームの人は赤いカードに，青チームの人は青いカードに乗せるように説明する。

❹カードに輪が乗ったら，カードに書いてある都道府県で有名なものを1つ挙げてもらう。正解すれば県カードがもらえ，10点が加算される。

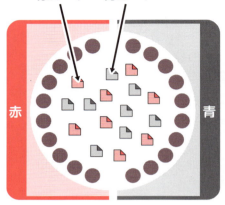

◆2巡目
　要領は1巡目と同じ。ペットボトル6本（水を入れて倒れないよう重くする）とドボンカードを追加する。ペットボトルに輪が入れば，一気に30点が加算される！
　ペットボトルの周りには，ドボンカードを置いておく。ドボンカードに輪が乗ったら，カードの裏面に書かれた罰ゲームを行う。

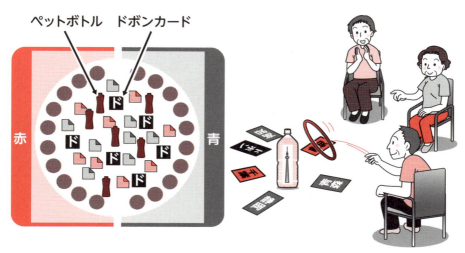

● ドボンカードの裏には，罰ゲームとして「隣の人と握手」「前の人にウィンク」「職員のAさんを3つ褒める」「斜め前の人に投げキッス」などいろいろなアクションが書かれています。

6 みんなでクロスワード

期待される効果・効能	●見当識の向上　●長期記憶の向上 ●計算力・判断力の向上　●集中力・注意力の向上 ●チームワークを養う　●達成感を感じる
時間	20分
場所	フロア
人数	10〜20人
隊形	学校スタイル
準備する物	●ホワイトボード　●クロスワードパズル

進行

❶ ホワイトボードにクロスワードパズル(白紙のもの)を大きく書く(あるいは貼り出す)。
❷ 職員がクロスワードパズルのヒントを1つずつ読み上げていく。
❸ 参加者みんなでクイズに答えていく(答えがすぐに分からないものは飛ばす)。
❹ 答えが分からなかった問題は,マスが埋まってきたら,再度,読み上げて回答を促す。
❺ マスが全部埋まれば完成。みんなで拍手。

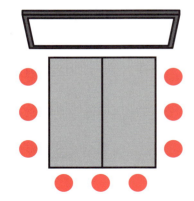

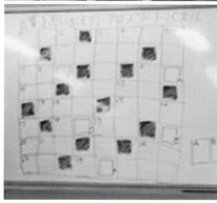

- このゲームでは，得点を競うというより，みんなで考えること，おしゃべりをすることが大事です。利用者が知っていることをたくさん引き出しましょう。
- 私が使用したのは市販のものやインターネットにある小学生用のクロスワードパズルですが，コツさえつかめば自分で作ることもできますよ。

7 爆弾回し

期待される効果・効能	●見当識の向上　●長期記憶の向上 ●計算力・判断力の向上　●集中力・注意力の向上 ●ハラハラドキドキとした高揚感を感じる ●答えを言い得た時の達成感
時間	10分
場所	フロア
人数	10人
隊形	円座
準備する物	●調理用ボウル（同じサイズのもの）2つ ●タイマー機能の付いたストップウォッチ（スマートフォンでも可）など ●ガムテープ

進行

❶円座になる。

❷調理用ボウルにタイマーをセットしたストップウォッチ（スマートフォンでも可）などを入れ、もう1つのボウルをかぶせてガムテープで貼り「爆弾」を作る（ガムテープは剥がれやすいようにしておく）。「1分後にチャイムが鳴ることを説明する。

❸職員と全員がじゃんけんをして、最後に勝った人に爆弾を持ってもらう。

❹爆弾を持った人は、「都道府県名」「国名」「八百屋に売っているもの」など「お題」に沿った言葉を1つ言って、隣の人に爆弾を回す。

❺タイマーが鳴った時に爆弾を持っていた人が負け。

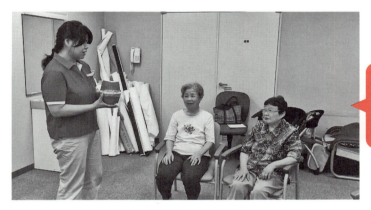

- 調理用ボウルがなければ紙袋などでも代用できますが，ボウルの方が爆弾らしさが演出できます。
- 耳が悪い人のために，スマートフォンの振動機能を利用してもよいでしょう。

8 キックベース

期待される効果・効能	●大腿四頭筋の運動・向上　●座位バランスの向上 ●チームワークを養う　●計算力・判断力の向上 ●注意力・集中力の向上 ●プロ野球を想定したゲームを行うことで男性利用者にはストレス発散，気分の高揚，達成感もある
時間	30分
場所	フロア
人数	10～20人
隊形	野球場を囲んで円座
準備する物	●ベース（1塁，2塁，3塁，ホームベース） ●いす4脚　●段ボール ●模造紙（「1塁打」「2塁打」「3塁打」「ホームラン」と書いたもの） ●空気の抜けた柔らかいボール ●カラーテープ（白） ●ピッチャー（職員）

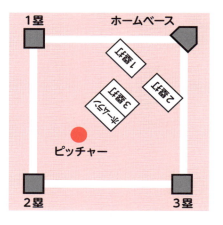

各ベースにはいすを置き，いすの前に足を保護するために段ボールで作った看板を置く

進行

❶2チームに分かれる。
❷床に白のカラーテープを四角に貼り，四角にいすと段ボールで作った看板を置く。「1塁打」「2塁打」「3塁打」「ホームラン」と書かれた模造紙を図のように置く。ホワイトボードに得点表をつくる。

❸各チームとも，打順をじゃんけんで決め，バッターはホームベースのいすに座る。
❹職員がピッチャーになり，ボールを転がし，それをバッターが蹴る。

❺ボールが「1塁打」「2塁打」「3塁打」「ホームラン」と書かれた模造紙の上に乗れば，バッターはそのとおりに塁に進む。3球でどこにも乗らなければ「アウト」。次のバッターに交代する。
❻全員プレイしたところで（または9回まで終わったら）点数を確認する。点数が多いチームの勝ち。

- ベースの前には利用者にボールが当たらないよう段ボールの看板を置きます。万が一ボールが当たっても痛くないよう，柔らかい空気の抜けたものを使いましょう。
- 何回まで行うかは，参加人数に応じて変更してください。
  色画用紙でチームの帽子を作っても楽しいですよ。
- 模造紙がなければ，新聞紙にA4コピー用紙（一塁，二塁などと書かれたもの）を貼って使ってもよいでしょう。

❾ 冬の言葉出しビンゴ

期待される効果・効能	●見当識の向上　●長期記憶の向上 ●計算力・判断力の向上 ●集中力・注意力の向上　●言葉の想起力の向上 ●書字（字を思い出す）　●偶然性を楽しむ ●達成感を感じる　●チームワークを養う
時間	30分
場所	フロア・テーブルの上
人数	10〜20人
隊形	グループごとにテーブルを囲む
準備する物	●4×4マスのビンゴ用紙（白紙）グループ数分 ●数字カード25枚（「1」から「25」まで書き，数字が見えないようにして籠か袋に入れておく） ●黒と赤の鉛筆　グループ数分 ●ビンゴのネタ：例 〈冬の温かい料理〉 シチュー，カレー，のっぺ汁，鍋焼きうどん，豚汁，味噌汁，お雑煮，お汁粉，おでん，寄せ鍋，海鮮鍋，キムチ鍋，すき焼き，水炊き，しゃぶしゃぶ，あんこう鍋，石狩鍋，ふぐ鍋，ちゃんこ鍋，牡蠣の土手鍋，かにすき，もつ鍋，ぼたん鍋，だんご鍋，しょっつる鍋，どじょう鍋，芋煮　など 〈冬で連想する言葉〉 雪，クリスマス，正月，こたつ，みかん，凧上げ，こま回し，セーター，マフラー，温泉，つらら，冬将軍，冬季オリンピック，そり，雪合戦，渡り鶏，しもやけ，マラソン，手袋，コート，暖炉，雪だるま，かまくら，大晦日，ブーツ　など 〈行きたい温泉〉 別府，湯布院，箱根，草津，登別，道後，指宿，黒川，有馬，下呂，城崎，熱海，奥飛騨，蔵王，霧島，鬼怒川，白骨，洞爺湖，乳頭，飛騨高山，雲仙，伊香保，白浜，宇奈月，野沢　など

進行

❶ グループ対抗でテーブルの上で行う。
❷ 4人1組のグループになって、ビンゴ用紙を1枚配布する。
❸ お題を決めて（例えば、「冬の温かい料理」「冬で連想する言葉」「行きたい温泉」など）みんなで言葉を25個出し合う。それを職員がホワイトボードに書き出す。

❹ 書き出された25個の言葉に番号を振る。
❺ 25個の言葉の中から16個の言葉を選んで、黒鉛筆でビンゴ用紙に書き込んでもらう（書くのは数字と言葉両方）。
❻ 職員が各グループを回り、参加者に1枚ずつ数字カードを引いてもらい、各グループとも出た番号の「言葉」がビンゴ用紙にあれば、そこに赤鉛筆で丸をつけてもらう。
❼ 縦横斜め、どこかが4つ並べば「ビンゴ！」（3つ並べば「リーチ！」）と言うように説明する。

- 25個の言葉を思い出すことが一番の目的ですが,すべて出すのは難しいので,ビンゴのネタの例を参考に「こんなものもありますねー」などと話して,出し切れなかったものを埋めるようにしてください。クイズ形式で思い出していくと楽しいですよ！
- 字を書くのが難しい参加者がいる場合は職員が書いてもよいですが,「ひらがなでも構いませんので頑張ってみませんか？」などと促してみてください。

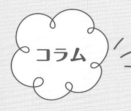

生活に楽しみや安らぎ,意欲を生み出すレクリエーション援助

　レクリエーション援助とは,ゲームを援助することだけではなく,生活の中でその人の「心地よさ」や「生き甲斐」を見つけ,生活に楽しみや安らぎ,意欲を生み出す支援をすることだと思います。

　集団レクリエーションには科学的根拠がないとよく言われるのですが,効果がないかと言われると,それは「No」です。「笑うこと」や「非日常の楽しみ」を求める人は確かにいますし,日本人の心に根付く年中行事や季節行事を通じて,お祝いをしたりゲームをしたりすることで人との触れ合いを感じる人もいます。毎日でなくても,「みんなの中で笑っている自分」を感じる場は必要ですし,ゲームにこだわらず,一人ひとりが別々のことをしていても,「仲間と触れ合う」温かさを感じることができればそれでよいのだと思います。

　私もまだまだ介護やレクリエーション援助の勉強を続けていきたいと思っています。新しい時代に向かってどんどん変わっていく,あるいは時代を経ても変わらない人間の楽しみや喜び,人との触れ合いを創り上げる楽しみは,レクリエーション援助をする私にとって最高の生き甲斐（レクリエーション）になっています。

10 重さ自慢，長さ自慢

期待される 効果・効能	●偶然性を楽しむ　●手指の巧緻性の向上 ●チームワークを養う ●長さ自慢では新聞紙が切れないようにと意識するので，目と手の協調性の向上 ●見当識の向上　●長期記憶の向上 ●計算力・判断力の向上　●集中力・注意力の向上 ●指先を使うので冷え性の改善　●高血圧の抑制 ●安眠効果あり　●モチベーションのアップ
時間	20～30分
場所	フロア・テーブルの上
人数	10～20人
隊形	テーブル席
準備する物	●Ａ４サイズに切った新聞紙20～30枚 ●Ａ４サイズに貼り合わせた新聞紙で作った袋　グループ数分 ●新聞紙（見開きサイズ）人数分
進行	

◆重さ自慢
❶Ａ４サイズに切った新聞紙をテーブルの中央に置く。
❷2人1組になり「よーいどん」でペアで協力して新聞紙を丸め，玉にして，紙袋に詰め込んでいく。

新聞紙の袋に詰める　　新聞紙で玉を作る

破れないようにどんどん詰める

❸最初のペアが袋に詰め終わった時点で（あるいは袋に入りきらなくなったら）終了。入っている新聞紙玉を「1，2…」とみんなで数える。
❹新聞紙玉が一番たくさん入っていたペアの勝ち。

◆長さ自慢
❶新聞紙を手で長く切る（切り方は自由）。

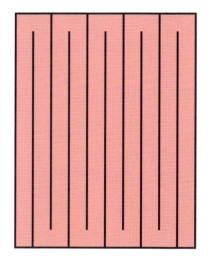
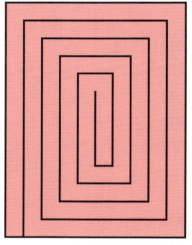

❷途中で破れたらやり直し。
❸全員が切り終わったら（制限時間を決めても良い）長さ比べをする。
❹一番長く切ることができた人の勝ち。

●廃材を使うので，人数が多くても費用がかかりません。
新聞紙は便利ですね。
●長く切った新聞紙は床に並べ，長さを確認しましょう。

11 お金釣り

期待される効果・効能	●ユーモアで笑顔を引き出す　●上肢の運動 ●見当識の向上　●長期記憶の向上 ●計算力・判断力の向上　●集中力・注意力の向上 ●目と手の協調した動作の向上　●達成感を感じる ●高揚感を感じる
時間	10〜20分
場所	フロア
人数	10〜20人
隊形	円座
準備する物	●100万円の札束（新聞紙を小さく折り〈おもちゃのお札と同じ大きさにする〉，厚みが出たら，白いコピー用紙で包んで上におもちゃのお札を貼っておく） ●引っかける部分（モール） ●棒（釣り竿）ペアの数分　●紐 ●カーテンフック　札束の数分　●ブルーシート

進行

❶札束にモールを取り付け，引っかけられるようにする。釣り竿には一方の端にカーテンフックを付けた紐を結んでおく。
❷円座になり，2人1組になる。
❸円座の真ん中にブルーシートを敷き，その上に札束をランダムに置く。
❹「よ〜いどん」でペアの1人が釣り竿で札束を釣り，もう1人が札束を預かる。
❺札束がなくなった時点で終了。
❻お金を数える。
❼交代して2巡目を行う。

- 最後に札束が残ったら，「誰でも取っていいですよ」と言葉をかけましょう。意外と，遠慮がちに最後に入ってきた人が取ってしまうこともあり，大笑いになります。

みんなの中で自分の存在感を見いだしてもらう

　集団レクリエーションは，みんなで目標に向かって参加することに意味があります。製作レクにおいても「前回より色が増えましたね」「どんどん形が整ってきましたね」などと評価し合うことも大事です。活動中の励ましや評価は，目標達成への大きな追い風になります。

　「認知症だから言っても忘れてしまう」と説明を省くのではなく，全体の完成像を示し，どの部分の役割を自分が担っているのかを丁寧に提示し（貼り絵であれば「この絵の海の部分をお願いします」など），励ましの言葉を掛けましょう。完成したら，少しの間飾ってすぐ捨てるのではなく，作ったものが人の役に立つ，「ありがとう」を言われる…そんな機会をどんどんつくっていきたいものですね。

　音楽レクリエーションの場合，歌っておしまいなのではなく，目標を立て，継続的に練習を重ねて発表の日を迎える，このようなイベントを織り込んでいきたいものです。

　自分が「役割」と「存在感」を持って参加することの意義，仲間と創り上げ評価される達成感，そんなものを感じてもらう「晴れの舞台」…。ぜひ，皆さんの施設でも試してみてください！

第5章 障がいのある人や寝たきりの人へのレクリエーション

　人間は，誰もが必ず死を迎えます。不幸にも事故や天災などで若くして亡くなる方もいるでしょう。そうでなくても，人間は確実に老います。しかし，若いうちは，老いることにより障がい者になるということをなかなか自覚できないものです。私も，50歳を過ぎて老眼を経験し，初めて「目の悪い人」の気持ちが分かるようになりました。「不便だ」というのが最初の感想ですが，完全に見えなくなったり聞こえなくなったりすれば，生活にも支障が出ますし，何よりも気持ちが落ち込むことでしょう。高齢者にうつの人が多いと言われるのは，こうした加齢による体力や身体機能の低下も原因になっているのではないでしょうか。

　元気なころの自分が実像で，何もできなくなった自分は虚像だという意識を持つ人も少なからずいるようです。過去の自分がオーバーラップしてしまうのは，中途障がいと先天的な障がいとの大きな違いです。「こんな簡単なこと，今までできていることが当たり前だったのに…」「人に頼らなくてはならないなんて情けない」「低く見られているようで嫌だ」「負い目を感じる」…そんな思いを心に秘めているのかもしれません。また，「どうせ見えない」「どうせ聞こえない」と，他人とのコミュニケーションを諦め，内に閉じこもってしまう利用者も多いです。

　介護者は，口には出さなくても，「できなくなる」という切なさに打ちひしがれる利用者の胸中を理解しようとしなくてはなりません。

　第5章では，障がいのある人や寝たきりの人も，みんなで楽しくコミュニケーションが取れるよう，笑いながら体や頭，心を動かせるレクリエーションゲームを紹介します。

第5章で紹介するレクリエーションプログラム

① ペアで大掃除
② みんなで大掃除
③ 筒でボウリング
④ 空き缶転がし
⑤ ビーチボール遠投
⑥ 楽器でノリノリ！
　イントロドン

⑦ おぼえてカラーリズム
⑧ 紙飛行機で
　クイズグランプリ
⑨ ジェスチャーカルタ
⑩ もみもみゲーム

◎片麻痺の人がいる時の工夫

　片麻痺ですから，健側の手は使えます。健側の手が利き手ではなくても，回数を重ね，慣れることで，上手に動かせるようになる人は多いです。また，「以前よりずっと上手になりましたね」という励ましの言葉は，利用者に希望を与え，モチベーションを向上させます。余談ですが，私は言語障がいのある人にもよく「以前より声が大きく聞こえやすくなりましたね」「歌がお上手になりましたね」などと声をかけるようにしています。

健側だけではボールは投げられない？そんなことはありません！

　「片手だとボールを持つことさえできない」と，ボールを投げるゲームを諦めていませんか？　そんな時は，ビーチボールの空気を少し抜いてください。それだけで少したるみができて，健側の手だけでつかむことができます。

ボールはレクリエーションの現場で大活躍

風船：軽くて柔らかく，口の部分が持ちやすい。体に当たってもけがをしない。また，動きが遅いので，高齢者の目にとまりやすい。

ビーチボール：軽くてよく弾み，体に当たってもあまり痛くない。空気を少し抜いておくと片手でもつかみやすい。また，空気を抜くと弾みにくくなるので，目標地点に落ちてとどまりやすい（⑤ビーチボール遠投）。

ボール：重さや大きさによりいろいろな用途がある。ピンを倒すボウリングのように勢いよく転がってほしい場合は，テニスボールや少し重めのゴムボールなどの硬くて重いものが良い。キャッチボールなどは柔らかくて軽いキャンディボールがお勧め。

　利用者は避けたり逃げたりすることができない人が多いので，ボールが当たった場合のことを考え，リスク管理は完璧に行うことが大切です。テーブル卓球などは，鈴が中に入ったボールを使用すると，視覚障がいのある人でも参加できることがあります。介護者がそばで声かけをしてボールゲームを楽しんでもらいましょう。

お手玉：フロアの床に数字や文字やクイズの紙を置く場合，お手玉を投げると上に上手に乗ってくれることが多い。

その他：中にあずきなどを入れた10×15cmくらいの布バッグ（ビーンズバッグ）も，片手でつかみやすい。ビー玉や新聞紙を丸めた玉など，ほかにもたくさんあるので，用途に応じて活用してほしい。

　1人ではできなくても，2人1組になってそれぞれが片手でできる役割を担います。2人で力を合わせると，連帯感が生まれ，関係づくりの支援にもつながります。手が使えなくても，口で吹くゲームには参加できますし，下肢の障がいで蹴ることができなくても，代わりに手で投げる，あるいは新聞紙などで作った棒を使って打つなど，足の代わりになるものはたくさんあります（①ペアで大掃除，②みんなで大掃除，④空き缶転がし）。

ベッドからでも参加できる

　ベッド上からレクリエーションに参加していた利用者がいらっしゃいました。校長先生だったその利用者は，クイズやパズルなどのレクリエーションになると真っ先に手を挙げて正解を出してくださったものです。

　寝たきりでも，ベッドをフロアに運んで，ラジオ体操をしたりゲームを楽しんだりすることは可能です。医療職と相談の上，本人の意思を確認して「参加したい」と言う利用者にはどんどん参加してもらいましょう！

　また，両手両足を動かすことができず，「投げる」「転がす」「蹴る」などの動作ができなくても，筒を使ってボウリングに参加することは可能です（③筒でボウリング）。バリエーションとして，カーリングなどで「ボールをたくさん中心に近付けた人が勝ち」というルールのゲームも楽しいですよ。

◉視覚障がいの人がいる時の工夫

ラジオの話題を取り入れる

　視覚障がいを持つ人の中には，ラジオを聴いている人が結構いますので，ラジオの話題をきっかけにコミュニケーションを取ってみてはいかがでしょうか。

マッサージを用いる

　視覚障がいのある人には，利用者同士で手のマッサージをするなど，スキンシップを取り入れるのも有効です。本章では，「マッサージゲーム」を紹介しています（⑩もみもみゲーム）。

音楽を使う

　音楽が好きな視覚障がい者は大勢います。そこで本章では，「⑥楽器でノリノリ！　イントロドン」を紹介しています。どんな音楽が好きか，どんな歌が好きか，本人とのおしゃべりから聞き出してみてください。「今日はAさんが大好きな○○の歌をみんなで歌いましょう」などと，みんなで歌えると楽しいですよね。

　また，パーキンソン病の人は，声が小さくなりがちで，うつ症状が出る人が多いそうです。みんなで歌を歌い，大きな声を出すことが良いリハビリテーションになります。音楽は肺機能や口腔機能を向上させるだけではありません。情緒に与える影響は大きく，ストレス発散にも効果的です。

音声入力パソコンを使ってコミュニケーション

　音声で画面を読んでくれるパソコンが登場してから，視覚障がい者も気軽にパソコンを楽しめるようになりました。最近は，スマートフォンでも視覚障がい者向けの製品があるようです。このようなツールをレクリエーションに活用してもよいでしょう。

指が覚えている技術を使う

　編み物や指編み，アクセサリー作りなど，一度覚えてしまえばできなくることはない手作業はたくさんあります。楽器の演奏であれば，ギターやピアノなどが身近でしょうが，高齢者であれば大正琴などがなじみやすいかもしれません。

131

ほかにも，新聞紙を折るというような簡単な作業も，職員の手伝いとして
お願いしても喜んで引き受けてもらえることが多いです。

覚えればできるゲーム

　本章で紹介している「⑦おぼえてカラーリズム」は，記憶力のある人であ
れば，視覚障がいがあってもできるゲームです。足元に赤，青，黄などの色
のついた紙を置き，「赤，青，チョンチョン」のリズムで，「チョンチョン」
の時に足を言われたとおりの色紙の上に置きます。視覚障がいで色紙が見え
なくても，最初に「足の左側に赤，右側に青，上に黄色の紙があります」と
説明をすることで，ステップを踏むことができます。

　ボウリングなどのボールを使ったレクリエーションも，「この位置から２ｍ
先にピンが立っていますよ」などと声をかけることで，うまく倒すことがで
きる人もいます。倒しやすくするために，大きなピンをたくさん用意してお
くとよいでしょう。また，ピンの中に鈴などを入れて倒れたことが分かるよ
うにしておくと利用者も大喜びです。

◎聴覚障がいの人がいる時の工夫

体操，踊りはまねができる

　音楽が聴こえなくても，職員が前に立って行う体操や踊りは目で見てまね
することができます。その際，別の職員が太鼓や手拍子でリズムを取ってい
るところを見せ，リズムに合わせて身体を動かしていることが伝わるように
します。聴覚障がいのある人も身体を動かす楽しさを毎日感じられるように
したいものです。

ホワイトボードを活用しよう

　障がいの有無にかかわらず，理解できないゲームほどつまらないものはあ
りません。ルールが分かってこそゲームは楽しいのだということをレクリ
エーション担当者は理解していなくてはなりません。聴覚障がいがある人の
場合，職員の説明が理解できず置いてきぼりにされることがとても多いの
で，ルールを説明した時は「利用者が理解できたか」を確認するようにして
ください。

　私はホワイトボードに「おたまでボールを回せゲーム」などとゲーム名を
大きく書き，簡単なイラストを添えて説明するようにしています。こうすれ

ば，認知症で何をしていたか忘れてしまう人や聴覚障がいでよく聞こえない人がいても，行うことやルールが大体分かります。また，聴覚障がいがある人には，職員が 1 人ついて100円ショップなどでも売っているミニホワイトボードを使い，進行役が話している言葉を簡単に説明するようにしています。

楽しいジェスチャーを用いたゲームをする

　身振り手振りをゲームに取り入れることで，場が盛り上がったり笑いが起こったりすることは，皆さんも経験していることでしょう。本章では「⑨ジェスチャーカルタ」を紹介しています。読み手（職員）がさまざまなジェスチャーをして，利用者にそれに合った札を取ってもらいます。また，利用者がジェスチャーをするようにしても，意外性が表れて面白いです。

◎寝たきりの人が参加する時の工夫

医療職の許可があれば，集団レクリエーションにも参加してもらおう

　クイズや第 4 章で紹介した「みんなでクロスワード」などは，寝たきりでも参加できる楽しいレクリエーションゲームです。本章では，紙飛行機をベッドの上から飛ばしてもらい，クイズを選んで答えるゲーム（⑧紙飛行機でクイズグランプリ）を紹介しています。

意欲的な人であれば仕事を頼もう

　ベッド上での生活になっていても，意欲的だし両手も動くという利用者はいます。このような人には，タオルや新聞紙を畳んでもらったり，貼り絵作成のための色紙をちぎってもらったり，歌集作成のためのイラストの塗り絵をしてもらったりと，仕事を頼んではいかがでしょうか。もちろん本人の体調と意思が最優先されますが，「何もすることがなくて…」と閉じこもってしまわないように，簡単なものから仕事を頼んでみると意外と喜んで引き受けてくださることがあります。

お見舞いレク

　元気な利用者と一緒に，お花（庭のものでも工作で作ったものでも）を持って寝たきりの人のお見舞いに行くというのも立派なレクリエーションになります。最近のニュースや生まれ故郷の話など，いろいろな話をする時間

は，寝たきりの利用者にとって宝物のような時間になるでしょう。利用者の居室の壁に，若いころの仕事や趣味に関する写真，家族の写真などが貼ってあると，話題づくりに一役買います。

　利用者同士で話が合いそうな人（同郷であったり趣味が同じだったり）や世話好きな人に「最近Ａさんの元気がないので一緒にお見舞いに行きませんか？」などと言葉をかけて，自然に訪室するようにしましょう（ケアマネジャーや同僚，上司と相談してください）。

手浴，足浴，マッサージでリラックス

　身体を優しく触ってもらうだけで，とても気持ちがよいものです。お湯で手を温めてゆっくりとおしゃべりをしたり音楽を聴いたりするのはもちろん，黙っていてもスキンシップは情緒を安定させてくれます。

　女性であれば，マニキュアを塗ったり，口紅や頬紅をさしたり，お気に入りの衣服に着替えたりするなど，おしゃれをしてもらうこともとても喜ばれます。

おいしいもの，食べたいものを用意する

　寝たきりで食欲がなくなっている時は，無理をせず，食べやすいものや香りのよいもの，旬のもの，本人の好きなものを食べてもらうのが一番です。レクリエーションはゲームだけでなく，その人の「楽しみの時間」をつくることと考えれば，選択肢も広がりますよね。

1 ペアで大掃除

片麻痺のある人も一緒に楽しめる

期待される効果・効能	●チームワーク ●上肢の運動 ●片手でできた，掃除ができたという達成感 ●目と手の協調した動作の向上
時間	10分
場所	フロアのテーブル
人数	2人×4〜8組
隊形	ペアが隣り合っていすに座る
準備する物	●新聞紙を丸めたもの10個×ペア数分 ●ごみ箱（箱のふた） ●ミニほうき ●ミニちりとり

進行

❶片麻痺のある人とない人がペアを組み，隣り合って座る。

❷片麻痺がある人にはごみ箱（箱のふた），ない人にはミニほうきとミニちりとりを渡す。

❸テーブルの上に新聞紙を丸めたもの（ごみ）をランダムに10個×ペアの数だけ置く。

❹「よーいどん！」で，片麻痺のない人がミニほうきとミニちりとりを使って，ごみを片麻痺のある人に渡す。片麻痺のある人はごみ箱を差し出し，ごみを受け取る。

❺どのペアが一番多くごみをごみ箱に入れることができるかを競う。

●新聞紙で作ったごみを床に落としてしまう場合もありますので，片麻痺のある人には職員がつくようにしましょう。

2 みんなで大掃除

片麻痺の人も一緒に楽しめる

期待される効果・効能	・(健側の)運動機能を強化　・上肢の運動 ・チームワーク　・高揚感を得る ・思考力・計算力の向上 ・有酸素運動の効果あり(上肢を反復して動かすので) ・体幹筋の向上(座位保持をしないといけないので) ・バランスの向上(麻痺側への体重移動・重心移動もあるので)
時間	10分
場所	フロアのテーブル
人数	3～5人×2グループ
隊形	テーブルをはさんで各チームが向かい合って座る
準備する物	・ビニールテープ　・うちわ(人数分) ・新聞紙を丸めたもの(ごみ)　40個 ・新聞紙の中にビー玉を入れて丸めたもの(重いごみ)20個

進行

❶ テーブルの真ん中にビニールテープを貼り,赤チームと青チームに分かれる。

❷ テーブルの上に各チーム20個ずつ新聞紙を丸めたごみを均等に置く。

❸ お互いにうちわであおいで,新聞紙を丸めたごみを真ん中の線から相手側に送る。

❹ 3分経ったら終了。ごみが少ないチームの勝ち。

❺ 2回戦目は,ごみの中に,ビー玉を入れた重いごみを,赤チーム,青チーム均等に10個ずつ足して,同じようにゲームを繰り返す。

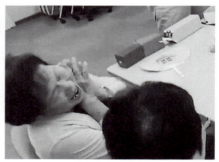

●新聞紙で作ったごみがテーブルの脇から落ちないように，両端にラップ芯や牛乳パックなどで壁を作りましょう。

3 筒でボウリング

上下肢が動かせない人も一緒に楽しめる
両上下肢が動かない人も一緒に参加できる

期待される効果・効能	●上肢の運動　●コントロールを養う ●座位バランスの向上 ●重心移動による体幹筋の向上　●達成感を得る ●集中力・判断力の向上　●思考力・計算力の向上
時間	20分
場所	フロア
人数	10〜20人
隊形	円座
準備する物	●ピン9本（うち，1本は色付きのピン） ●テニスボール1個 ●筒1個（模造紙が入っていた筒などを縦半分に切る）

進行

❶個人戦で行う。

❷円座になり，円の真ん中にピンを9本置く（中央のピンは色付きピンに）。

❸ボールを持つことができる人は，手でボールを転がしてピンを倒す。両上下肢が動かない人には，筒を用いる。筒の「角度」などを周りの利用者に聞いて決定し，ボールを転がす。1本10点で色付きピンは100点とする。

❹1人2回ボールを転がし，点数を記録する。

❺全員が終わったところで合計点数を発表する。合計点が一番高かった人が優勝！

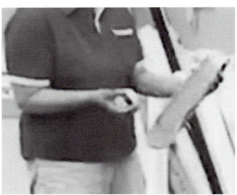

- 筒がない場合は，ボールを転がせるような筒を段ボールなどで作るとよいでしょう。
- テーブル上で行っても楽しいです。

4 空き缶転がし

片麻痺や視覚・聴覚障害がある人も一緒に楽しめる

期待される効果・効能	●上肢の運動 ●目と手の協調した動作の向上 ●座位姿勢保持 ●空き缶を調整しないといけないという判断力,注意力,集中力の向上効果あり
時間	15分
場所	フロア
人数	2〜10人
隊形	1人席とグループ席に分かれる
準備する物	●長テーブル ●空き缶 10本 ●テーブルのゴールの位置に固定するかご(空き缶10本入るくらいの大きさ)

進行

❶ラップ芯などで長テーブルの両脇に壁をつくっておく。
❷ゲームは個人戦で行う。
❸1人10本ずつ,空き缶を転がす。
❹長テーブルの先に取りつけたかごに,空き缶がいくつ入るかを競う。

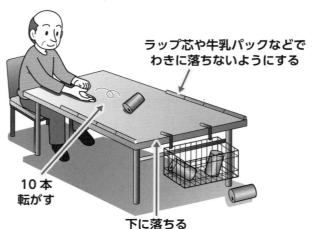

- 勢いが良すぎると，かごに入らず，床に落ちてしまいます。
- テーブルの両脇には壁があるので，片麻痺の人や視覚障がいがある人も参加でき，優勝をねらえます。

コラム　複雑な思いを込めた「ありがとう」

　皆さんは人を介護する立場です。利用者のために自分の知識や技術，人間性を惜しみなく発揮していることと思いますが，つい「過介護」や「先回り介護」をしてしまうことはありませんか？

　日々のルーチンワークに流されてしまうと，「介護者本位」の介護になるばかりか「介護してあげている」という気持ちが強くなり，利用者の気持ちが見えなくなってきます。ですから，常に利用者の立場になって考えるということが大切です。

　大けがをした経験のある人は，その時のことを思い出してみてください。周囲の協力に対する気持ちは，助けてもらえる「ありがたさ」よりも，迷惑を掛けることへの「申し訳なさ」，自分への「ふがいなさ」「情けなさ」の方が大きかったということはありませんか。人に借りをつくっているような，負い目を感じているような，自分が低く見られているような，言いようのないいら立ちを感じていなかったでしょうか。

利用者はそんな複雑な思いを込めた「ありがとう」を私たち介護職員に発しているのかもしれません。

　以前，私は特別養護老人ホームにおいて，利用者に仕事を頼んで，介護職員が「ありがとう」と言ってみたら，その利用者はどんな反応を示すのか観察・記録したことがあります。「タオルを畳んでくださってありがとう」「片付けを手伝ってくださってありがとう」「お話をしてくださってありがとう」など，介護職員側から感謝の気持ちを伝え，その反応を記録しました（「ありがとうシート」，表）。

　ある職員が，自分で動くこともできなくなった利用者に，おむつ交換の際に「お尻を上げてくださってありがとう」という言葉をかけたところ，その利用者は目を潤ませながら「そんなこと言ってもらって…。きれいにしてくれてありがとう」と言葉を返したそうです。「ありがとう」という言葉にこんなにも強く反応したことに驚いていました。通所施設であれば，「ありがとう」「頑張りましたね」と言える機会はもっともっとつくり出せそうです。

　人は死ぬまで「自己実現」を目指すと言われています。年齢を重ね，要介護状態や認知症になっても，役割を持ち，人から認められ，評価され，自己成長したいという思いは，失われるものではありません。

　仕事をお願いして「役割をつくる」ことの重要性がよく分かります。私たちは利用者の生活の中に「ありがとうと言ってもらえる機会」をどれだけ増やせるか。「自立支援」を越えた「自己実現支援」に目を向ける必要があるということなのだと思います。

表　ありがとうシート

利用者がしてくださったこと	利用者の反応
タオルを畳んで戸棚にしまう。	「私がしとくからいいよ」と答えた。
ほかの利用者を気に掛ける。	「まったく〜」と怒り気味だが笑顔あり。
おむつ交換時に腰を上げる。	「きれいにしてくれてありがとう」と答えた。
足の枕を入れる時足を上げる。	「楽になったよ。こちらこそありがとう」と小さく答えた。
リハビリテーションパンツやパッドを替えさせてくれる。	「自分でするから」となかなか脱ごうとしなかった。

5 ビーチボール遠投

片麻痺や視覚・聴覚障がいがある人も一緒に楽しめる

期待される効果・効能	●上肢の運動　●コントロール力向上 ●肩を動かすことで肩甲骨周囲の血流アップ・肩の痛み軽減・頭痛軽減・肩関節の可動域アップ ●大腿四頭筋の向上　●立位・座位バランスの向上 ●体幹筋の向上　●目と手の協調した動作の向上 ●達成感を感じる　●チームワークを養う
時間	20分
場所	フロア
人数	8人くらい
隊形	1人席とグループ席に分かれる
準備する物	●ビーチボール1個（少し空気を抜いておく） ●大き目の段ボール

進行

❶ 個人戦で行う。

❷ まず，ボールを投げる人が1人席に座る。1人席の2m先に段ボール箱を一つ置き，段ボール箱の1m先に向かい合う形で「妨害グループ」（3～4人×2列）に座ってもらう。

❸ ボールを投げる人には，段ボール箱をねらうか，「妨害グループ」の頭上を越えて遠くまで投げるかを投げる前に宣言してもらう。

❹ 1人席に座った人がビーチボールを10回投げる。

❺ 段ボール箱に入ったら20点。「妨害グループ」の頭上を越えたら100点，グループの誰かに取られたら0点となる。

❻ 10回投げて合計得点を記録したら，次の人と交代する。

❼ 全員終わったら，最も高得点だった人を発表して，みんなで拍手！

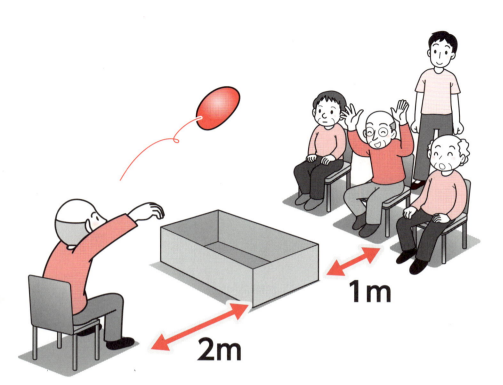

- 片麻痺があっても，健側を使えば遠投ができる人はいます。痛みがないか確認しながら上肢の運動を促しましょう。初めは段ボール箱をねらってもらい，最後に「妨害グループ」越えに挑戦してもらってもよいでしょう。
- 少し空気を抜けば，片麻痺の人でもつかんで投げることができます。なるべく高く投げるように促しましょう。円背などで高くボールを投げることができない人には，近くの段ボールをねらってもらいましょう。
- 妨害グループが後ろに転倒しないよう十分に気をつけましょう。
「取れないのは無理しないで」と言葉をかけます。

6 楽器でノリノリ！イントロドン

視覚障がいがあっても参加できる

期待される効果・効能	●記憶力の向上　●音楽による情緒の安定 ●聴覚刺激による回想効果あり　●長期記憶の向上
時間	20分
場所	フロアのテーブル
人数	6〜10人
隊形	テーブルを囲んで座る
準備する物	●CD（懐メロ特集や民謡特集など） ●頭出し機能のあるラジカセ（スマートホンで代用してもよい） ●楽器（タンバリン，鈴，カスタネット，マラカスなど。なければ，乳酸菌飲料の容器にビーズなどを入れて作っても良い）に紐をつけたもの 人数分 ●歌詞カード

進行

❶個人戦で行う。
❷テーブルを囲み，いすに座る。
❸1人1つずつ手に持てる楽器を持ってもらう。
❹介護職がCDなどで歌の前奏の部分を流し，途中で止める。
❺曲名が分かったら，自分の楽器を鳴らしてもらう（フライングはお手付きでマイナス10点）。
❻楽器を鳴らした人に曲名を答えてもらい，正解であれば10点獲得。
❼その後は，楽器を使って，楽しくみんなで一緒に歌を思い出しながら歌う（歌詞カードがあれば用意する）。
❽10曲流し，最も得点を獲得した人が優勝。

- イントロで曲名を当てるゲームなので，流す曲はイントロに特徴がある歌謡曲を使用する方が盛り上がります。
- 曲名を思い出せない時は，みんなで一緒に歌ってみると途中で思い出すことが多いですよ。
- 一人勝ちになってしまうようなら，出題（職員と一緒に選曲する）担当になっていただいてもよいですね。

7 おぼえてカラーリズム

視覚障がいがあっても覚えて参加できる

期待される効果・効能	●集中力・判断力の向上　●思考力・計算力の向上 ●音楽による情緒安定　●高揚感を感じる ●リズムに乗って身体を動かす楽しさ ●太ももを上げることで腸腰筋の刺激ができ排便効果あり ●股関節の柔軟性向上
時間	20分
人数	10〜20人
場所	フロア
隊形	円座
準備する物	●音楽　●カラーリズムシート 人数分

進行

❶ フロアで円座になっていすに座る。
❷ 全員の足元にカラーリズムシートを置く。
❸ 職員が全員に色の配置を説明する。
❹ 「赤，青」と色を言った後に，手を「パンパン」と叩き，「パンパン」の時に，足を指示された色の上に置くよう説明する。
❺ 初めは，職員が「赤，青，パンパン，黄，赤，パンパン」などと言って，利用者に足を運んでもらう。
❻ みんなができるようになったら，利用者を1人選んで「赤，青，パンパン，黄，赤，パンパン」と言ってもらう。
❼ 次に，色ではなく「その色の物」を言ってもらう（バナナ（黄），リンゴ（赤），パンパンなど）。
❽ 最後に，カラーリズムシートの数字を使って，右足から「1．2．3．4」のように足踏みをする。この際，音楽を流すとダンスのステップのようで楽しい。

青・赤・黄・黒色の
画用紙（A4サイズぐらい）に
足形を貼り，
それぞれに番号を書き込む

〈視覚障がいがある人の場合〉
　足を誘導して色の場所を教えることで，視覚障がいのある人でも参加できます。

- 最初はゆっくり行います。
- 視覚障がいのある人は，足を誘導して色の場所を教えましょう。
- ダンスステップは「1．2．3．4，1．2．3．4」「5．4．3．2，5．4．3．2」などアレンジするともっと楽しくなります。

8 紙飛行機でクイズグランプリ

寝たきりの人も一緒に楽しめる

期待される効果・効能	・集中力・判断力の向上 ・思考力・計算力の向上 ・長期記憶の向上 ・紙飛行機作りで手指を動かす ・上肢の運動 ・チームワークを養う ・所属感を感じる ・達成感を感じる
時間	20分
場所	フロア
人数	10〜20人
隊形	円座
準備する物	・A4コピー用紙（紙飛行機用とクイズ看板用） ・新聞紙8枚 ・花紙で作った赤い花と青い花 ・クイズ（各ジャンルの問題を20問ほど作っておく。10は難易度の低い問題で10点，50は難易度の高い問題で50点とする。）

10点問題の例

音楽
- 白い帽子，白いシャツ，白い靴を身にまとっていたのは誰でしょう？
  答え：カモメの水兵さん
- どんぐりころころどんぶりこ，お池にはまってさあ大変，その後出てきたのは誰でしょう？
  答え：どじょう
- お内裏様とお雛様，2人並んで，どんな顔をしていたのでしょう？
  答え：すまし顔
- 次のうち3人組だったのは？（ザ・ピーナッツ，キャンディーズ，ピンクレディ）
  答え：キャンディーズ
- 『津軽海峡冬景色』を歌ったのは次のうち誰？（都はるみ，石川さゆり，森昌子）
  答え：石川さゆり

歴史
- 次のうち，一番長生きしたのは？（坂本龍馬，豊臣秀吉，織田信長，徳川家康）
  答え：徳川家康（75歳）。坂本龍馬は31歳
- 明治時代の初めに『学問のすすめ』を書いた人は誰？
  答え：福沢諭吉
- 聖徳太子が奈良県に建てたお寺は次のうちどれ？（法隆寺，金閣寺，東大寺）
  答え：法隆寺
- 枕草子を書いた人は次のうち誰でしょう？（紫式部，清少納言，吉田兼好）
  答え：清少納言
- 卑弥呼が治めていた国の名前は？
  答え：邪馬台国

ことわざ
- 犬も歩けば何に当たる？
  答え：棒
- ○○は一日にしてならず。さて○○は？
  答え：ローマ
- 腹が減っては○○○ができぬ。さてこの3文字は？
  答え：いくさ
- 急いでいる時は，近道しようとすると結局遠回りになってしまうよ，急がば○○○，さてこの3文字に入る言葉は？
  答え：まわれ
- 初めての時の気持ちを忘れてはいけない。○○○○忘るるべからず。さてこの4文字は
  答え：しょしん

50点問題の例

音楽

- からす，なぜなくの，からすは山に，のタイトルは？
  - 答え：七つの子
- 我は海の子…で始まる，加藤登紀子が歌ってヒットした曲，さて題名は？
  - 答え：琵琶湖周航の歌。「海」ではない
- 夏がくれば思い出す，さて，どこを思い出したのでしょう？
  - 答え：尾瀬
- ビートルズはどこの国のバンド？
  - 答え：イギリス
- 音を半音上げる記号を何というか？
  - 答え：シャープ

歴史

- 織田信長が最後に死んだのはどこの寺でしょう？
  - 答え：本能寺
- 「敵に塩を送る」という言葉がありますが，歴史上，本当に塩を敵に送った人がいます。それは誰から誰に？
  - 答え：上杉謙信から武田信玄に
- 源義経は子どものころ何と呼ばれていたでしょう？
  - 答え：牛若丸
- 織田信長が琵琶湖城のほとりに建てたお城の名前は？
  - 答え：安土城
- 1600年に徳川家康が天下を取った戦いは何？
  - 答え：関ケ原の戦い
- 野口英世の死因は？
  - 答え：黄熱病

ことわざ

- 自分を，逃げるに逃げられないような状況に追い込んで決死の覚悟で戦うことを○○の陣。さて○○とは？
  - 答え：背水
- 勝利に奢ることもなく勝っても気を引き締めていようということわざ。勝って○○○○○を締めよ。○○とは？
  - 答え：かぶとの緒
- 亀の甲羅は硬くて守ってくれるが，年寄の知恵や経験の方が役に立つという意味の亀の甲より○○の甲。○○とは？
  - 答え：とし
- じわじわと遠回しに責めたり痛めつけたりすることを，真綿で○○をしめる。○○とは？
  - 答え：くび
- お金がなく，油やろうそくだとお金がかかるので，体のある部分に火を灯す，どこに火をともす？
  - 答え：つめ

進行

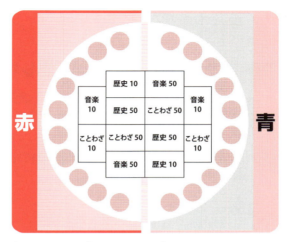

❶赤チーム，青チームに分かれて円座になる。
❷「音楽10」「音楽50」「歴史10」「歴史50」「ことわざ10」「ことわざ50」「今年の重大ニュース10」「今年の重大ニュース50」などとA4コピー用紙で看板を作り，新聞紙12枚にそれぞれ貼る。
❸利用者に紙飛行機を作ってもらう（作ることができない人がいることを考えて，余分に作っておく）。
❹新聞紙を円の中いっぱいに敷き詰めて，紙飛行機がどこかに落ちるようにする。
❺赤チーム，青チーム交互に紙飛行機を投げて，クイズに答える。投げた本人が答えられない場合は，チームで考える。
❻答えられれば，新聞紙の上にチームの色の花を1つ置く。
❼最後に，花の点数を合計する。

●認知症のある人でも「ことわざ」や「音楽」のジャンルには強い人がいます。得意分野でいろいろな話を引き出すチャンスです。

●寝たきりでも，知的好奇心があり最近のニュースをよく知っている人には，今年の重大ニュースについて説明してもらうとよいでしょう。

●重度でうまく飛ばせない方は，お手玉を使ってもよいでしょう。

⑨ ジェスチャーカルタ

聴覚障がいがある人も一緒に楽しめる

期待される効果・効能	●楽しく身体を動かす　●ユーモアを発揮できる ●お題をどのように表現するか考えることが脳の活性化につながる ●達成感を得る　●集中力・判断力の向上 ●思考力・計算力の向上
時間	15分
場所	フロアのテーブル
人数	6人×2グループ
隊形	テーブルを囲んで座る
準備する物	●ジェスチャーカルタ3種類（20枚ずつ）

〈例〉
①動物：猿，猫，犬，象，キリン，クマ，ペンギン，へび，たぬき，きつね，ねずみ，馬，牛，らっこ，トラ，ニワトリ，うさぎ，ライオン，パンダ，カンガルー　など

②人物（職業）：相撲とり，野球選手，バレリーナ，忍者，幽霊，警官，指揮者，水泳選手，医者，猟師，お坊さん，赤ちゃん，侍，ボクサー，バスケット選手，美容師，歌手，大工，漫才師，空手家　など

③動作（○○を～している）：たばこを吸っている，フラダンスを踊っている，化粧をしている，そばを食べている，寿司を握っている，洗濯をしている，掃除をしている，おぼれている，納豆をまぜている，歯磨きをしている，ひげをそっている，熱燗を飲んでいる，バイオリンを弾いている，ピアノを弾いている，車を運転している，盆踊りを踊っている，料理を作っている，縄跳びをしている，縫い物をしている，鞠つきをしている　など

進行

① テーブルの上にカルタを1種類置く。

② 1チーム6人ほどがいすに座り、カルタ取りをする。最初は、職員がジェスチャーをして、それを見てカルタを取ってもらう。3回間違えたりお手付きをしたりした場合は、1回休みになる。

③ 最初の3回ほどは職員がジェスチャーをするが、要領がつかめたら、もう1つのチームの人たちにジェスチャーをしてもらう。

④ カルタがなくなったら、一番多くカルタを取った人を発表する。

⑤ 次は、ジェスチャーをしていたチームが、ほかのお題でカルタ取りを行い、Aチームがジェスチャーを行う。

⑥ 同様に、多くのカルタを取れた人が勝ち。

- カルタの絵柄は、余暇時間に利用者に色を塗ってもらってもよいでしょう。
- 手が届かない場所に座っている人には、職員が手伝うようにしましょう。

10 もみもみゲーム

視覚・聴覚障がいのある人も一緒に楽しめる

期待される効果・効能	・スキンシップでの情緒安定　・手指の巧緻性の向上 ・サイコロの偶然性から来るハラハラドキドキ感 ・人から触れられることで所属感も得られ，孤立感の解消につながる ・自律神経のバランスが良くなる　・安眠効果あり ・肩のコリ解消，頭痛軽減，血圧コントロール，冷え性改善の効果あり ・モチベーションのアップ効果あり
時間	20分
場所	フロアのテーブル
人数	6～10人
隊形	ペアになって座る
準備する物	・ホワイトボード（サイコロの目で変わるマッサージネタを書いておく）

> 1 2分間，肩をもみもみ
> 2 2分間，右手のひらをもみもみ
> 3 2分間，左手のひらをもみもみ
> 4 2分間，肩をトントン
> 5 2分間，好きなところをもみもみ
> 6 2分間，腕をもみもみ

・サイコロ　3～5個（6～10人の場合）

進行

1. ペアになって、じゃんけんをする。勝ったら「もんでもらえる方」、負けたら「もむ方」になる。
2. 負けた人がサイコロを振る。
3. 振って出た目のお題のとおり、相手をもむ。
4. 3回勝負する。
5. 終わったら、互いにお礼を言って、次のペアと交代する。

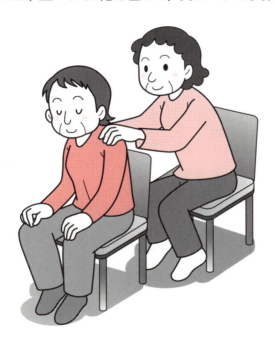

- 人に体を触られたくない人もいるので見極めましょう。
- 強くもめない人もいるので、ペアの組み合わせを配慮しましょう。
- マッサージ大会というより、スキンシップをとりながらおしゃべりができる雰囲気にしましょう。

元気になるアロマセラピー

●アロマセラピーって何？

「アロマ（香り）」と「セラピー（療法）」という単語を組み合わせた「アロマセラピー」は，直訳では「芳香療法」と言います。植物から抽出した精油を使用して，肉体的・精神的な健康を取り戻すことを目的とした自然療法です。体内に香りの成分を取り入れることで，本来人間が持っている自然治癒力を呼び覚まし，心身の調和を図ります。

●エッセンシャルオイルってどんなもの？

エッセンシャルオイル（精油）はさまざまな植物から抽出されたオイルです。一つの植物には数十から数百種類の芳香成分が含まれていて，それぞれに効能があります。植物といっても，葉，茎，花，根，種，木，樹脂など異なった部分から精油を取ることができます。

●どうやって抽出するの？

水蒸気蒸留法，圧搾法，溶剤抽出法などといった抽出方法があるようですが，最近は雑貨屋さんなどでもたくさん売っていますので，それらを利用するとよいでしょう。

●どうやって体や心に働きかけるの？

五感のうち，嗅覚以外の4つ（視覚，聴覚，触覚，味覚）は，刺激が加わると，まず脳の表面にある大脳皮質にその刺激が伝わり，それから大脳辺縁系へ伝わります。嗅覚の場合は直接，大脳辺縁系に伝わります（**図**）ので，理性より前に感情が起こります。例えば，「これはラベンダーという植物の香りだ」と認識する前に「あ〜，この香り，好きだな〜」などと感じるということです。

大脳辺縁系に伝えられた情報は，自律神経系や内分泌系，免疫系をコントロールする視床下部に影響を与え，自律神経系や内分泌系，免疫系に働きかけると言われています。つまりアロマの香りは，直接，私たちの感情に働きかけ，心や身体の状態を変えてくれるというわけです。

ほかにも，鼻（口）→肺→全身へ（呼吸器系），皮膚→全身へ（経皮吸収）といった働きかけの効果もあるようです。

図　においを感じるメカニズム

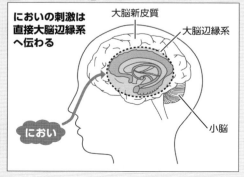

● 手浴でアロマ風ハンドマッサージ

　忙しい介護職員ですから，一人ひとりアロマセラピーを施術することは難しいかもしれません。でも，手浴や足浴は，実は施術者も気持ちが良くて，コミュニケーションを図るのにも最適です。

　好きなアロマオイルを1，2滴とコーヒーのミルクポーションを1つお湯を張った洗面器に入れて手浴を行います（水と油が分離するため，ミルクを少量入れます）（**写真**）。

※手指の拘縮のある人は専門家に相談の上行ってください。

　指を1本ずつ広げ，汚れた部分をきれいにします。リラックス効果，血流促進，爽快感も期待できます（**表**）。手が温まれば，アロマオイルでマッサージを行いますが，薬局で売っている安価なグレープシードオイルやオリーブオイルを使ってもよいでしょう。

表　アロマオイルの効能

	元気が出る	ストレス解消	寝付きを良くする	集中力を高める	緊張をほぐす	気力を高める
イランイラン	○	○	○			
スイートオレンジ		○	○			
ペパーミント	○					
ラベンダー			○		○	
ローズマリー				○		○
レモン				○		

第6章 男性利用者向けのレクリエーション

　私は十数年，介護現場でレクリエーション援助の仕事をしています。男性の利用者から「『ちーちーぱっぱ』みたいなのは嫌だから」「幼稚園みたいだからやりたくない」とレクリエーションゲームの参加を拒むような言葉を言われたことが何度かあります。

　子どもっぽいという理由で，レクリエーションゲームへの参加を敬遠される男性利用者は結構いらっしゃいます。一番印象深かったのは，サッカーゲームをする時に，片麻痺の男性利用者が「僕は若い頃，サッカーの選手だったんだよ。だからこんなお遊びなんてバカバカしくてやっていられない。そして，そんなバカバカしいゲームすらできなくなった自分が情けなくて仕方がない」とおっしゃったことです。この言葉には，その利用者が持つたくさんの複雑な想いが含まれています。

　元来男性は，はずかしがり屋でプライドが高い人が多いので，無理やりレクリエーションゲームに参加させるのではなく，信頼関係が築けてから，徐々に参加を促していく方が良いと思います。

　第6章で紹介するレクリエーションゲームは，次のとおりです。

第6章で紹介するレクリエーションプログラム

① 巨大歩まわり
② 競馬ゲーム
③ 私は誰でしょう
④ 魚のもりつきゲーム
⑤ ペットボトルキャッチ
⑥ 季節の歌でリズムゲーム
⑦ 足で輪投げ
⑧ 会議
⑨ 値段を当てましょう！
⑩ 口腔ゴルフ

男性利用者にもレクリエーションに 参加していただくために

まずは動機づけから

　男女を問わず，利用者をレクリエーションに誘う際は，動機づけが大事です。私はよく次のようにアナウンスしています。

　「実は肺炎は，高齢者の死因上位を占めています。怖いですよね。皆さんもお茶が気管に入って目を白黒させたことはありませんか？　喉を鍛えるのにとてもよい方法があります。それは『歌う』ことです。『ちーちーぱっぱ』だなんて馬鹿にしちゃいけません。おなかの底から声を出してください。肺活量も鍛えられますし，誤嚥予防にもなるんですよ。それでは，皆さんで『ふるさと』を歌いましょう！」

　唱歌は，子どもの頃から慣れ親しんできた歌で，男性にも女性にも人気です。また，長く息を伸ばす曲が多く，肺活量も鍛えられます。

利用者の名前をたくさん呼ぶ

　「Aさんがいないと始まりませんよー。今日は歴史クイズを行いますから，Aさん，解説をお願いしますね〜」など，職員間でその利用者の得意なことや好きな話を共有し，モチベーションが高まる言葉がけをすることはとても大切です。何度も名前を呼ばれると，人は「自分は頼りにされている」「役割がある」と自分を肯定的にとらえることができると言われています。何度も何度も名前を呼んでいるうちに，レクリエーションが楽しみになってくる男性利用者も多いです。

男性が好む余暇活動

　男性利用者の中には，身体を動かすことが好きな人も多いですが，知的なゲームなども好む人が多いです。

　『高齢者の生活習慣に関する調査（2）』[1] によると，余暇活動と生き甲斐感（目的別余暇活動）について，男性は「身体型（歩行，ジョギング，ラジオ体操，ゴルフ，水泳，ダンス，ゲートボールなど）」「知性型（文学，調査・研究，読書，パソコン，新聞）」が上位を占め，女性は「創造型（料理，手芸，家庭菜園など）」「文化・芸術型（美術，音楽，書道）」「自然型（山歩き，登山，散歩，動植物鑑察など）」が上位を占めたとのことです。

　また，趣味を尋ねたところ男性は，1位「旅行」（56.2％），2位「歩行（道

歩き）」（53.7％），3位「パソコン」（37.1％），4位「テレビ」（29.7％），5位「ゴルフ」（28.3％）という結果でした。女性は，1位「旅行」，2位「歩行」，3位「テレビ」，4位「手芸，工芸」，5位「音楽」となっています。

　私のこれまでの経験から，男性利用者が好むレクリエーションは，「働く，学ぶ，遊ぶを兼ね備えた知的なもの」「（一度でも）主役になれるもの」「教える立場になれるもの」「主体的に行うもの（こちらから指示しない）」「囲碁，将棋など」「パソコンでの新聞の編集や歌集・ガイドブックなどの作成」「その土地の歴史，日本の歴史，名所，植物や鳥の生息地などに関するもの」「育てること（農作物やペットなど）」でした。

◉学校の授業をまねてみよう！

　レクリエーションのマンネリ化を防ぐために，学校の授業形式もお勧めです。次のようなメニューで授業を企画してみてはいかがでしょうか。

国語：詩の朗読，紙芝居，書道，書き写し，ことわざクイズ，言葉の想起，木へんの漢字など，百人一首，カルタなど

算数：買い物ゲーム，対抗戦の得点計算，チラシに掲載されている商品の値段を当てるゲームなど

理科：季節の話，季節に応じたゲーム，散策で花の写真を撮るなど

社会：その土地に関するクイズ，時事ニュースクイズ，歴史クイズ，日本各地の名産品クイズ，戦争時代の話など

音楽：歌を歌う，楽器演奏，曲名当てクイズ，民謡クイズ（合いの手で歌の題名を当てる）など

体育：上肢や下肢を使ったゲーム，サッカー，ゲートボール，風船バレー，カーリング，野球，ゴルフ，卓球など

技術家庭科：日曜大工，マスコット作り，縫い物，編み物，ステンシル，職員の手伝いなど

図工：工作，壁画作成など

道徳：新聞のコラムや読者投稿欄などの記事を読んで話し合うなど

引用・参考文献
1）原田隆他：高齢者の生活習慣に関する調査（2）─余暇活動と生きがい感について，名古屋文理大学紀要，Vol.11，P.27 ～33，2011.

1 巨大歩まわり

期待される効果・効能	●男性に好きな人が多い将棋を取り入れる ●偶然性が左右する楽しさ ●上肢の運動　●チームワークを養う ●連帯感，一体感を感じる　●集中力・判断力の向上 ●思考力・計算力の向上　●長期記憶の向上
時間	30分
場所	フロア
人数	20人
隊形	円座 4チームに分かれる（赤，青，黄，緑5人ずつ）
準備する物	●ホワイトボード ●巨大将棋盤（模造紙で作る。7×7マス　四隅にチームの色の紙を貼る） ●巨大金将の駒2つ（厚紙で作る際，壊れやすいのでガムテープなどで補強をする） ●4チームの色で作った「歩兵」「桂馬」「飛車」「王将」の駒（4×4枚）

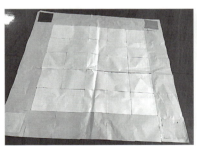

進行

❶ 巨大将棋盤を円座の真ん中に置く。
❷ ホワイトボードに，4色のチームに分かれていること，自分のチーム色の駒が1周すると，次の駒に出世すること，駒の投げ方などのルールを書き，説明する。

❸ じゃんけんで投げるチームの順番を決める。
❹ チームの2人で「金将」駒を投げ，ルールに沿って「歩兵」を進める。
❺ 最初にいずれかのチームが「王将」になったら終了。

- 縦向きに投げると駒が立ちやすく，点数（歩数）が増えることを伝えましょう。最初に練習をしてもらってもよいですよ。
- 進む歩数は利用者の身体能力に応じて変えてOKです。

② 競馬ゲーム

期待される効果・効能	●男性に好きな人が多い競馬を取り入れる ●上肢の運動　●手指の巧緻性の向上 ●脳トレ（予測する，計算する） ●高揚感（期待，ワクワク感）を感じる ●モチベーションの向上 ●指を動かすことで脳の血流アップ　●記憶力の向上 ●冷え性の改善，血圧コントロール　●達成感を感じる
時間	30分
場所	フロア
人数	10人
隊形	馬を動かす人5人，客5人に分かれる（複数回行う場合は，馬と客が入れ替わる）
準備する物	●ホワイトボード（馬の紹介などで使用） ●馬セット（5頭分） ●おもちゃのお金（客用に1,000円札25枚，銀行に1,000円札20～30枚，5000円札20枚，1万円札30枚，小切手〈値段が大きくなった時に金額を書いて渡す〉10枚）

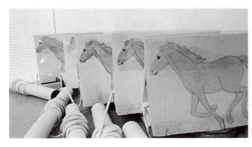

進行

❶ 馬を動かす人5人に整列してもらい、客におもちゃのお金（1,000円札各5枚）を渡す。

❷ じゃんけんで馬の倍率を決める（1倍×2, 2倍, 5倍, 10倍）。

❸ 客にどの倍率の馬がよいか決めてもらい、好きな金額を賭けてもらう。ただし、「3位になりそうな馬に賭けてください」と言うようにする（「赤に1,000円！」などと言って賭けてもらう）。

❹ 賭けたお金は名前を書いたA4コピー紙の上に乗せ、賭けた馬の前に置いておく。

❺ 馬を動かす人は、ひもを棒に巻き付けながら、馬をたぐりよせる。

❻ レース後、3位になった馬に賭けた人だけ、倍率を換算してお金をもらうことができる。ほかの人は没収。

❼ レースは4回繰り返す。最後のレースは、「全部賭けてみませんか？」と聞いてみる。

● 馬セットは赤、青、黄、緑、紫などのそれぞれ異なる色で作成し、賭けた馬が分かるようにしましょう。

● 最初に「馬になりたい人」と「客になりたい人」を聞いてみるとよいですよ。

●「3位」にかけるのがミソ！

3 私は誰でしょう

期待される 効果・効能	●知的好奇心をくすぐる ●脳の活性化（人物の想起，連想，他人になりきる） ●緊張感を感じる（スポットライトを浴び，心地よい緊張感を感じる） ●高揚感（前に立ち注目される，評価される） ●ユーモアを引き出す（体や言葉で表現をする） ●想像力の向上
時間	10分
場所	フロア
人数	10〜20人
隊形	ホワイトボードを前にして教室スタイルなど（机はなくてもよい）
準備する物	●ホワイトボード（表面には，「1. 私の職業は○○です。」「2. 私は○○で有名です。」「3. 私は○○でも有名です。」と書いておき，裏面に20〜30人の有名人の名前〈歌手，プロ野球の選手，歴史上の人物など〉を書いておく。裏面は利用者には見せない。

進行

❶進行役（職員）がルールを説明する。
「ホワイトボードの裏に世界や日本の有名人の名前が20〜30人書かれています。今から，出題者がそのうちの一人になりきるので当ててください。出題者はジェスチャーをしてもよいですよ。そして，ヒントを3つ言います。1つ目のヒントで正解したら100点，2つ目のヒントで正解したら50点，3つ目のヒントで正解したら30点です」

❷出題者が動きを見せたら，順番にヒントを言っていく。
例：「ヒント1. 私の職業はプロ野球の選手です。」「ヒント2. 私はお菓子のナ○ナのCMで有名です。」「ヒント3. 私は一本足打法で有名です。」

❸分かったら，その時点で挙手をして答えてもらう。正解した人には，次の「有名人」になりきってもらう。

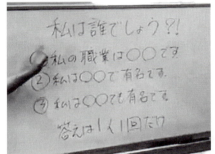

●正解した人はルールを理解している人です。ホワイトボードの裏で指さしで有名人を決めてもらい，「ご職業は？」などと質問をしてリードしましょう。

❹ 魚のもりつきゲーム

期待される効果・効能	●身体を動かす ●座って前傾姿勢になる（立ち上がりの姿勢） ●上肢の運動 ●目と手の協調した動作の向上 ●回想効果あり　●話題作り
時間	10分
場所	フロア
人数	2〜10人
隊形	黄色2人，ピンク2人で向かい合って座る
準備する物	●新聞紙棒（新聞紙1日分を丸めたもの）4本 ●色画用紙（黄・ピンク）で作った筒（側面に魚の絵を描いておく）黄色40本，ピンク40本（1対1であれば20本ずつ）

進行

❶ 黄色2人対ピンク2人で向かい合って座る（1対1でも可）。
❷ 新聞紙棒で筒（魚）を刺し，すくい上げてかごに入れる。
❸ 先に筒（魚）を全部かごに入れたチームの勝ち。

- トーナメント式にしてもよいですよ。
- 昔，川や海で魚をとったことがあるかや，どんなふうにとったかなどを聞いて話を広げてみましょう。

5 ペットボトルキャッチ

期待される効果・効能	●身体を動かす ●手首の運動 ●反射神経,動体視力の向上 ●目と手の協調した動作の向上 ●巧緻性の向上 ●座位バランス向上
時間	10分
場所	フロア
人数	職員と利用者1対1で行う
隊形	職員と利用者が向かい合う
準備する物	●空のペットボトル(350mLもしくは500mL)3本

進行

❶ 職員と利用者が向かい合っていすに座り,ペットボトルを1本投げて受け取ってもらい,投げ返してもらう。
❷ ❶を反対の手で行う。
❸ 次に,ペットボトル2本を両手で投げて,両手で受け取ってもらう。
❹ ❸の2本のペットボトルを持ったままの状態で,さらに1本のペットボトルを投げて,挟んで受け取ってもらう。

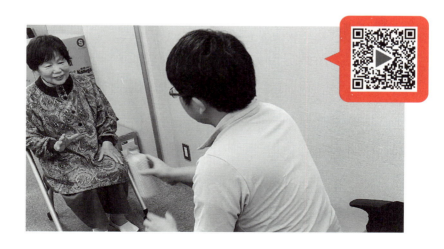

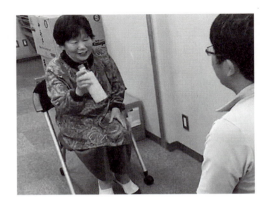

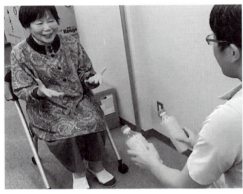
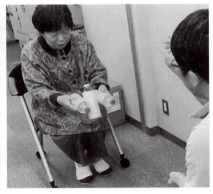

- どんどん難易度が上がるため，向上心をくすぐります。
- ペットボトルに赤い紙などを巻くと見えやすくなります。

❻ 季節の歌でリズムゲーム

期待される効果・効能	●歌を歌って口腔機能の維持・向上 ●大胸筋を鍛える ●「男らしさ」を強調し運動意欲を高める ●姿勢を改善する（猫背予防） ●上肢の運動　●血行を良くして疲労改善 ●肩周囲の血流アップ・頭痛改善 ●手拍子で脳の血流アップ　●モチベーションアップ ●血圧コントロール　●グループで行うことでの一体感 ●人と触れることで成長ホルモンの促進（マッサージ効果もあり）
時間	10分
場所	フロア
人数	何人でもOK
隊形	いすに座って円になる
準備する物	●歌（CDなどを流してもよいし，BGMなしで歌ってもよい）

進行

❶「春よ来い」を歌いながら手拍子をする。大きく胸を開き，手も開いて行う。

❷「雪やこんこ」ではさらに手と胸を開き，両隣の人と手を合わせて打つようにする。

- 手や胸を開くことが難しい人がいますので，手を打つリズムに合わせて音楽を乗せてもよいでしょう。

7 足で輪投げ

期待される効果・効能	●下肢の運動（踏ん張る，足を蹴り上げる） ●脳の活性化（計算） ●下肢を振り上げることで排泄力アップ・腸蠕動運動アップ・大腿四頭筋のアップ ●チームの連帯感 ●集中力・判断力の向上 ●思考力の向上
時間	10分
場所	フロア
人数	何人でもOK
隊形	2人ずついすに座って順番に行う
準備する物	●段ボール　2枚（縁に赤と青のカラーテープを貼っておく） ●空のペットボトル（500mL）10本（赤テープ，青テープを巻いたものを5本ずつ作り，同じ色の段ボールにV字形に5本ずつ接着剤で固定しておく） ●ビニールホースで作った輪　2つ

進行

❶ペットボトルを固定した2枚の段ボールを，利用者の足先から30cmの場所に置く。

❷足で輪投げをしてもらう。最初に練習を2回行い，その後，本番で5回行う。手前の2本が5点，真ん中の2本が10点，一番遠い1本が20点として，合計が何点になったか計算する。

❸チームで得点を合計して，勝敗を決める。

●距離は30cmを原則とし,下肢筋力のない人などの場合は手前に置きます。下肢筋力の強い人の場合は50cm先に置いてみましょう。

負けると悔しくなって暴言を吐いてしまう利用者

　認知症のある・なしに関係なく，元々集団行動になじめない人によくあるケースです。ゲームの途中に「やーめた，やめた，馬鹿馬鹿しい。あの人，ズルするんだもの」などと名指しで罵倒する人もいました。片麻痺のある人や理解力が低下した人が自分のチームにいることで負けてしまったり，相手チームを職員が応援して負けてしまったりという「不公平」な進行があると，一気にやる気をなくす人も多くなります。このように，能力差のある人たちを混在させて行う集団レクゲームは，進行がとても難しいですよね。

　私は，能力差を暴かないように，なるべく運が左右するようなゲームを選びますが，それも限界がありますから，レクリエーションの時間の冒頭に「勝っても負けても恨みっこなし，皆でわいわい楽しむゲームですからね！」と前置きをするようにしています。

　集団ゲームでありながら一人ひとりが楽しめる，チームの勝敗はあまり関係なく，わいわい言葉を引き出せるようなゲームにおいては，皆さんおおらかな気持ちでゲームに向き合えることでしょう。

　それでも集団ゲームになじめない人がいますが，そもそも集団ゲームに拒否反応を示す人を一緒に集団に混ぜてしまうこと自体に無理があるので，アセスメントによっては，ほかのレクリエーションを選択してもらうのが最もよい方法でしょう。

8 会議

期待される効果・効能	●集中力・判断力の向上 ●思考力・計算力の向上 ●長期・短期記憶の向上 ●昔の仕事を懐かしむ ●昔を思い出すことでモチベーションのアップ ●有能感を得る
時間	30分
場所	フロアもしくは会議室など
人数	10人以内
隊形	テーブルを囲んで会議形式
準備する物	●テーブル ●いす ●卓上名札

進行

❶「今日の議題」として、新聞記事から抜粋した資料、あるいは読者の投稿欄(「駅前の放置自転車で転んだ、けしからん」などの簡単なものでもよい)をいくつか準備しておく。

❷議長が議題を読み上げ、それについてみんなで意見を出し合う。

❸進行役(職員)は、あまり話さない人に「○○さんはどうお考えですか?」などと声をかけ、言葉を引き出すようにする。

❹時間になれば終了。

※「○○市の良いところ、悪いところ」「○○駅に足りないもの」「作るとしたらどうやって?」など話し合うのも楽しい。

- 議長，書記，会計，役員，事務長など，全員に役を任命しても楽しいですよ。
- 男性利用者は会社や町内会などで会議を頑張った人たちが多いです。会議室の雰囲気が出る場所で行いましょう。
- 身内の話より，テレビや新聞のニュースの方が話しやすいかもしれません。

9 値段を当てましょう！

期待される効果・効能	●集中力・判断力の向上 ●思考力・計算力の向上 ●長期・短期記憶の向上 ●偶然性を楽しむ ●所属感を得る ●人生観の共有（家族との思い出など） ●モチベーションのアップ
時間	10分
場所	フロア
人数	20人以内
隊形	テーブルを囲んで会議形式
準備する物	●チラシ（商品の値段が分からないようにしておく）人数分もしくはグループ数分 【例】 自動車，洋服や靴，旬の食べ物，旅行先のお土産，一戸建て住宅など ●ミニホワイトボード ●マーカー

進行

❶チラシを全員もしくは1グループに1枚ずつ配布する。
❷値段が隠してある商品の値段を考えて，ミニホワイトボードに書いてもらう。
❸どうしてその値段にしたかを聞く。
❹一番正解に近かった人（グループ）の勝ち！

- 値段を推測するゲームですが偶然性に左右されます。適当に言ってぴったり賞が出る時もありますよ。
- 3人1組でグループ対抗にしても盛り上がります。
- あまりにもかけ離れた答えを言う人が多い場合は、職員がヒントを出すとよいでしょう。

10 口腔ゴルフ

期待される効果・効能	●男性に好きな人が多いゴルフを取り入れる ●口腔機能維持向上 ●物体に息を吹きかけることで集中力の向上 ●どの方向に進まなければいないのかの判断力，思考力の向上 ●口を対象物に近づけることで頸部・体幹筋の向上 ●口をすぼめることで口を閉じる力も向上し，食べこぼし軽減効果あり ●横隔膜の運動効果あり
時間	10分
場所	フロア
人数	5〜8人
隊形	テーブルを囲んで座る
準備する物	●セロファン紙を丸めたボール ●細長い会議用のテーブル　2台 ●いす　●お手玉　4個（ハザード） ●水色のフェルト　2枚（池を2つずつ作る）（蛇腹折りにした水色の色画用紙でもよい） ●細紐（ホール） ※そのほか，タオルや紐でバンカーなどを作ってもよい。

進行

❶テーブルを利用者が囲むように座る（2テーブル対抗）。複数グループが同時にスタートする。
❷端から一人がセロファン紙を丸めたボールを口で吹いて，一番遠くのホール（細紐で作った円）に入れば勝ち。
❸途中，池や岩（ハザード）があるので，それらを避けてホールにたどり着くよう注意を促す。
❹ボールが床に落ちたら，拾ってテーブルの同じ位置に置いて続ける。
❺先にボールをホールに入れたチームが勝ち。

- 全員が必ず1回は「吹く」というルールを作ります。
- 障害をたくさん作ると楽しいですよ。

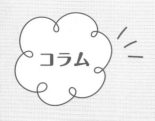

利用者の生活に張りと生きがいを与える

　脳血管障害などによる身体障がいや認知症を抱える利用者は，生活行為に不安や困難を抱えながらも，「最期まで歩きたい」「最期まで人生を楽しみたい」「最期まで人と触れ合いたい」と願っていると思います。これは，人として普遍的な願いなのかもしれません。自分で自分の好きなことを選び，コントロールできるよう支援していくことが，介護現場では必要とされます。

　介護保険制度の枠の中では，実現できないことも多いかもしれません。それでも，利用者が希望を持って自分らしく生きていくために，「目的や効能があるから，これを行っているのだ」「ただ遊んでいるのではなく，体や頭や心を動かすためにレクリエーションの時間があるのだ」「みんなで笑い合うことが自分を元気にしているのだ」とモチベーションを維持してもらうことは，利用者の生活に張りと生きがいを与えるのではないでしょうか。

　そして，自他共に頑張っていることが評価され，どんなに小さくても役割を持つことで，また新たな「楽しみ」が生まれてくるのでしょう。人間は，死ぬまで自己実現を感じていたい生き物だと言われています。たとえ認知症になったとしても，できることをして，さらにやりたいことができる社会を，私たちは準備していかなくてはならないと思います。

著者紹介

尾渡順子

医療法人中村会 介護老人保健施設あさひな
認知症介護レクリエーション実践研究会

介護福祉士，社会福祉士，介護支援専門員，認知症ケア上級専門士，介護予防指導士，介護教員資格等を取得。レクや認知症，コミュニケーションに関する研修講師も務める。2018年4月より現職。2014年，アメリカ・オレゴン州のポートランドコミュニティカレッジにてアクティビティディレクター資格を取得。著書に『みんなで楽しめる高齢者の年中行事＆レクリエーション』（ナツメ社）など他多数。

監修：エフステージ白木 せいかつのデイ 作業療法士　山口健一
協力：社会福祉法人興寿会 認知症介護レクリエーション研究開発チーム
　　　鈴木真由美・熊﨑敦子・北尾純一・飯田良孝
　　　医療法人中村会 介護老人保健施設あさひな リハビリテーション科
動画モデル：興寿会ボランティアグループ 鈴乃会

笑わせてなんぼのポジティブレクリエーション

2018年7月5日 発行　第1版第1刷

著者：尾渡順子 ©
（お わたり じゅん こ）

企　画：日総研グループ
代　表：岸田良平
発行所：日総研出版

本部　〒451-0051 名古屋市西区則武新町3-7-15（日総研ビル）
　　　☎ (052) 569-5628　　FAX (052) 561-1218

日総研お客様センター
名古屋市中村区則武本通1-38
日総研グループ縁ビル　〒453-0017
電話 0120-057671　FAX 0120-052690

[札　幌] ☎(011)272-1821　[仙　台] ☎(022)261-7660　[東　京] ☎(03)5281-3721
[名古屋] ☎(052)569-5628　[大　阪] ☎(06)6262-3215　[広　島] ☎(082)227-5668
[福　岡] ☎(092)414-9311　[編　集] ☎(052)569-5665　[商品センター] ☎(052)443-7368

・乱丁・落丁はお取り替えいたします。
・本書の無断複写複製（コピー）やデータベース化は著作権・出版権の侵害となります。
・この本に関するご意見は，ホームページまたはEメールでお寄せください。E-mail cs@nissoken.com
・この本に関する訂正等はホームページをご覧ください。www.nissoken.com/sgh